国家社科基金丛书
GUOJIA SHEKE JIJIN CONGSHU

高等学校入学机会
公平研究

A Study of Equity of Higher Education
Enrollment Opportunity

夏 雪 著

人民出版社

责任编辑：刘海静
封面设计：石笑梦
版式设计：胡欣欣
责任校对：余　佳

图书在版编目（CIP）数据

高等学校入学机会公平研究/夏雪 著. —北京：人民出版社,2022.1
ISBN 978－7－01－024211－8

Ⅰ.①高⋯　Ⅱ.①夏⋯　Ⅲ.①高等学校-教育制度-研究-中国
　Ⅳ.①G649.21

中国版本图书馆 CIP 数据核字（2021）第 246032 号

高等学校入学机会公平研究
GAODENG XUEXIAO RUXUE JIHUI GONGPING YANJIU

夏　雪　著

人民出版社 出版发行
（100706　北京市东城区隆福寺街 99 号）

环球东方（北京）印务有限公司印刷　新华书店经销

2022 年 1 月第 1 版　2022 年 1 月北京第 1 次印刷
开本：710 毫米×1000 毫米 1/16　印张：12.25
字数：192 千字

ISBN 978－7－01－024211－8　定价：72.00 元

邮购地址 100706　北京市东城区隆福寺街 99 号
人民东方图书销售中心　电话（010）65250042　65289539

目　　录

第一章 教育机会公平的内涵与理论

社会公平是创建和谐社会的必要条件,教育公平是促进社会公平的"最伟大的工具"。教育能做到的公平,首先应是教育机会的公平。但是,对公平的理解向来存在着时代的影响和个体的差异。本章是对高等学校入学机会公平问题进行研究的理论准备,主要厘清教育机会公平的相关概念,并从政治学、经济学和管理学等不同学科来辨析公平观并进行理论阐释。

第一节 教育公平和教育机会公平的内涵

公平具有主观认识的特点,不同历史阶段、不同社会背景、不同个体对公平的理解是有差异的。因此,有必要首先对教育公平和机会公平的内涵进行梳理和明确。

一、教育公平的内涵

关于教育公平的概念,学界一直没有统一的界定,学者或研究机构分别从不同的角度对其进行界定。

有的从内涵和外延的基本界定方法角度出发,如郑晓鸿(1998)将教育公平的理解限定在教育过程中,指出:教育公平的外延包括教育市场的公平和社会公平,以及反映二者的教育观念层次的公平;教育公平的内涵包括观念上对教育市场公平和教育社会公平的一种主观价值判断,教育市场公平是为使教育效率达到最大化的教育资源的最佳配置以及实施的机会平等、交易平等及竞争平等和教育的社会公平——学生已有的受教育程度和一定时期内所受教育程度的平等。① 郭元祥指出,教育公平是一个反映相对性的范畴,从教育本体角度出发是指教育活动中对待每个教育对象的公平和对教育对象评价的公平。从本质意义上看,教育公平包含教育平等及其合理性两重质的规定,其观念基础是平等理念。教育平等是相对的,有形式的平等和实质的平等,并贯穿于整个教学活动中。② 石中英认为,教育公平的主要内涵——在法律上,是人人享受平等的教育权利;在教育政策领域,是人人平等地享有公共教育资源;在教育活动中,是人人受到平等地教育对待、人人具有同等的取得学业成就和就业前景的机会。为了真正体现和维护教育公平所蕴含的平等精神,在实际教育活动中,教育公平还必须包括:在客观上存在着社会发展不平等的历史时期里,公共教育资源配置向社会弱势群体倾斜("不平等"的矫正);在现实层面上,反对和遏制旨在破坏教育权利平等和机会均等的教育特权("平等")的维护。③

也有学者从学科角度出发对教育公平进行界定的,如翁文艳从伦理学、经济学和法学的视角对教育公平进行分析。从伦理学的视角出发,她依据罗尔斯(John B.Rawls)提出的"公平三原则"指出其对教育公平的规范。其理论前提是对不公平、处于不利地位的群体进行补偿——实现"最少受惠者的最大利益",罗尔斯的公平原则对现实社会推进教育公平起到了一定作用。从经济学视角出发,她认为教育公平关涉教育资源的分配。教育资源的分布因教育阶段的不同而有所区别。从法学的视角出发,她指出教育公平是受教育权

---

① 郑晓鸿:《教育公平界定》,《教育研究》1998 年第 4 期。
② 郭元祥:《对教育公平问题的理论思考》,《教育研究》2000 年第 3 期。
③ 石中英:《教育公平的主要内涵与社会意义》,《中国教育学刊》2008 年第 3 期。

利普遍化的问题,是基本人权的问题。受教育权的发展经历了平等—不平等—平等的过程,直到现代社会法律保护的受教育权由少数特权转化为普遍的公平权利。① 刘亚敏、师东海认为对教育公平的界定,从不同的学科出发有不同的解读——从政治学角度出发,教育公平讨论的是政府、市场、教育系统和个人(社会群体)围绕教育产生的联系;从伦理学角度出发,教育公平讨论的是教育相关者(如教育管理部门、社会组织、教育机构和个人)通过相应的手段(如制定和执行相关补偿性政策、资助等)对教育不利群体和个人的发现与补偿;从社会学角度出发,教育公平讨论的是社会分层与教育机会的关系;从经济学角度出发,教育公平讨论的是教育资源的分配效率与效益;从教育学角度出发,教育公平讨论的是教育过程的公平性;从法学的角度出发,教育公平讨论的是宪法和法律赋予并保证公民享有的公民权利。② 郝文武从教育经济学的角度出发,提出教育公平是教育平等和教育效率相互促进的关系状态及其水平持续不断发展的状态。③

　　还有的学者和研究机构是从教育过程的角度对教育公平内涵进行界定的。教育过程的角度是宏观性的角度,包括教育起点、过程和结果。如陈伯璋、王如哲认为,所谓教育公平是指个体在受教育过程中所被分配到的教育资源(比如权利、机会和经费等),能因其差异的背景与需求(如种族、性别、居住区域、社会经济等)获得相对应的对待,使其得以透过教育开发潜能及适应性开发。理论层面上,教育公平是指对于教育过程中向不同的个体分配的教育资源(包括权利、机会与经费)是否公平,进行价值判断;实质层面上,教育公平是透过对教育现实环境中的不公平现象的检视,逐步消除对不同种族、性

---

① 翁文艳:《教育公平的多元分析》,《教育发展研究》2001 年第 3 期。

② 刘亚敏、师东海:《21 世纪以来我国教育公平的基本理论研究探析》,《教育理论与实践》2009 年第 7 期。

③ 郝文武:《高等教育公平的本质特征和量化测评》,《陕西师范大学学报(哲学社会科学版)》2012 年第 1 期。

别、年龄、能力、居住区域或社会经济地位的个体的不公平对待。① 陈伯璋和王如哲对教育公平的定义与世界经济与合作组织（OECD）提出的定义有着异曲同工之处，世界经济与合作组织更加鲜明地指出，教育公平的目标是至少保障个人不受到任何歧视地通过教育获得最低水平的技能。这样的教育公平既不意味着每个人都应该得到相同的结果，也不意味着在教学过程中向学生教授同样的课程或提供同样的教学资源。② 也有从教育结果的角度定义的，如美国公共教育中心提出，当所有学生受到相同的对待并获得了相似的资源时就达成了教育平等；当所有学生收到他们需要的资源从而高中毕业后为成功做好准备时，就达成了教育公平。③

还有学者就教育公平的本质进行了探讨。田正平、李江源指出，教育公平是教育的一种基本价值观念与准则。现代意义的教育公平的具体内容和规则主要表现在：受教育权利的保证，亦即保证原则；机会平等，亦即事前的原则；按照能力或才能进行分配，亦即事后的原则；补偿原则。④ 朱超华指出，教育公平实质上是人们对教育领域中人与人之间教育利益分配关系的评价，表现为一种在社会各阶层和社会成员之间按比例平等分配教育利益的理想和制度。⑤ 杨东平指出，教育公平不但是一种美好的社会理想，具有独立的价值，而且是超越于经济功利和经济政策之上的。教育公平理念是政治、经济领域的自由和平等权利在教育领域的延伸。由于事实上存在的社会政治经济地位的不平等和个体差异，教育机会均等成为教育公平、教育民主化的核心问

---

① 陈伯璋、王如哲：《教育公平》，高等教育文化事业有限公司2014年版，第14—15页。

② 世界经济与合作组织（OECD）官网："Equity"，2018年12月10日，见 https://gpseducation.oecd.org/revieweducationpolicies/#! node=41746&filter=all。

③ Center for Public Education, "Education Equity: What Does It Mean? How Do We Know When We Reach It?", 2018年12月9日，见 http://www.centerforpubliceducation.org/education-alequity。

④ 田正平、李江源：《教育公平新论》，《清华大学教育研究》2002年第1期。

⑤ 朱超华：《教育公平的本质及其社会价值分析》，《中国高教研究》2003年第7期。

题。① 他指出教育公平与社会公平的不同之处在于,它不仅要实现资源、机会的公正分配,同时要关注个人的发展。在教育过程中,公正地对待每一个人,使其心智和个性得以充分发展,被视为教育系统的"内部公正"。② 褚宏启认为,教育公平不等同于教育平等,教育公平包含教育资源配置的三种原则——平等原则、差异原则和补偿原则。③

可见,中外学者从未停止对"教育公平"内涵的探求。教育公平是人类自我理性认知进一步向纵深发展。随着历史的向前发展、研究视角的扩展,学界对"教育公平"的认识也随之发生变化:教育公平的内涵从来不是一个固有的概念,不同的历史发展阶段、不同的国家和地区面对不同的社会发展程度对教育公平的内涵的认识程度不尽相同,换言之,社会发展程度越高,对教育公平提出的要求越高。

在教育资源有限的条件下,讨论教育公平的问题实质关涉教育资源的分配问题。现阶段,教育公平是教育管理部门按照一定的原则、遵照一定的程序、采用适当的手段对教育资源进行分配,使分配的结果合法合理。既使教育资源得到充分地利用,又满足了教育相关者的教育需求;既适合教育相关者当前的承受能力范围,又促进了受教育个体潜能的开发。可见,教育公平是描述性与规范性概念的统一,既包含教育相关者和社会公众对教育资源分配结果的主观评价——"公平感",也包含通过一系列指标对教育资源分配结果进行测量而产生的客观评价——"公平性"。公平是教育领域对资源分配方式的一种价值选择,也是教育领域追求的一个发展目标。

二、教育机会公平的内涵

教育机会作为一项教育资源,在非义务教育阶段,尤其是高等教育阶段,

---

① 杨东平:《中国教育公平的理想与现实》,北京大学出版社 2006 年版,第4—9 页。
② 杨东平:《中国教育公平的问题和前景》,《二十一世纪论坛》2007 年第 12 期。
③ 褚宏启:《关于教育公平的几个基本理论问题》,《中国教育学刊》2006 年第 12 期。

关系每个受教育者及其家庭的教育利益,强调教育机会公平显得尤为重要。笔者对教育机会公平进行了分阶段划分,并对教育机会公平内涵进行了进一步讨论。

(一) 分阶段的教育机会公平

本研究将教育机会公平分为两个阶段。第 I 阶段的教育机会公平——形式上的教育机会公平,其形式意义大于实质意义。沃诺克(Mary Warnock)认为,教育机会(opportunity)之所以称为"机会"在于教育资源的稀缺性无法满足大众对这种资源的需求。为了解决这种矛盾,只能通过分配的方式。所谓教育机会公平就是要保障每个受教育者都能够平等地参与竞争、获得教育机会。① 该阶段的教育机会公平是保证受教育者参与竞争教育资源的机会——入场券。此时教育机会(opportunity for education)更接近于受教育权(access to education)。以我国的普通高等学校招生全国统一考试(高考)为例,第 II 阶段教育机会公平就是指保证受教育者入场竞争的机会公平,即国家保障每个符合条件的受教育者参加高等教育招生考试的权益,更多地指向了教育机会在公平选择上。这一阶段的教育机会公平是受教育者不因经济、地域、家庭背景等因素的影响,在公平的环境下自由选择高等教育机会,这一阶段兼具形式和实质意义。如受教育者根据成绩在条件允许范围内选择高等教育学校及专业;高等教育学校依据受教育者的成绩进行选拔——高考成绩是唯一获得高等学校入学机会的"门票",这对每个受教育者来说是公平的程序。

(二) 内涵扩展的教育机会公平

教育机会公平问题不仅是教育领域的教育公平,更是作为社会问题的教

---

① Warnock M., "The Concept of Equality in Education", *Oxford Review of Education*, Vol.1, No. 1(1975), pp.3-8.

育公平。① 因为它关涉受教育者及其家庭的教育利益和其他权益,进而影响了社会稳定,因此解决教育机会公平问题离不开政府和社会的支持。受教育者不仅要求有一个公平的教育机会分配过程,而且更注重教育机会公平分配结果的实现。"教育公平的结果是根据一定的公平原则进行操作而产生的,从这一角度来看,教育公平可以分为原则的公平、操作的公平和结果的公平"②,因此这里将教育机会公平的内涵进一步解释为教育的机会公平和作为教育机会的公平。

1.作为教育的机会公平

作为教育的机会公平,是一种对教育机会运行方式的规范。学校教育制度在宏观层面上被视为破除阶层壁垒、促进下层民众向上层社会流动的主要手段;在微观层面上广大普通受教育个体及其家庭将学校教育尤其是高等教育,视为获得较好个人发展和优质工作机会的主要通道。所以教育机会的分配结果,对广大受教育者及其家庭来说显得尤为重要。教育机会公平作为起点公平的表现形式之一,既是对教育机会分配的一种理念,更是一种规定,也是实际教育机会分配结果的评价的参照标的和基础。只有在这样一个公平的既定框架下,才能保证教育机会公平在实际分配过程中做到程序公平的合法合规、有据可查。

2.作为教育机会的公平

作为教育机会的公平是指执行的公平——公平的程序。作为稀缺资源的教育机会进入实质性的分配阶段(第 II 阶段),首先要建立公平的原则,其次要建立一套完善的实施和保障机制,而后就是保障教育机会分配的工作在规定的程序中实施,这是将教育资源转化为国家和个人教育利益的关键阶段。对制度(政策)的制定者来说,不仅要对"公平"这一价值具有敬畏之心,要有

---

① 王建华:《教育公平的两种概念》,《教育研究与实验》2016 年第 6 期。
② 李润洲:《教育公平刍议》,《江西教育科研》2002 年第 4 期。

正视困难的勇气和克服困难的决心,更要有构建起纵向和横向交叉体系的设计能力。

　　无论是作为形式上的、参照标的的教育机会公平,还是实际分配过程中的操作公平、结果的教育机会公平,需要明确的是,教育机会公平始终是一个历史概念,是发展着的概念,是一个具有统合性的概念。由不同的公平要素构成,要素之间的斗争和此消彼长影响对教育机会公平的整体评价。不同的教育发展阶段,对教育公平提出的要求不同。义务教育阶段,由于法规规定"就近入学"和义务性,教育机会几乎不存在稀缺——竞争性,在教育基础设施投入的趋同性条件下,教育公平具化为教学质量;而在非义务教育阶段,尤其在高等教育阶段,教育公平首先关涉的就是教育机会的公平问题,而教育机会公平关注的重点在于第 II 阶段的问题,即如何使受教育者由形式的教育机会公平转化为实质的教育机会公平,实现真正的"公平竞争"。

三、教育机会相关概念辨析

　　两千多年前孔子提出的"有教无类"的教育公平的思想对教育影响深远,主要集中在两方面——教育对象的社会背景的"无类"和个体素质的"无类"。[1] 民国时期,蔡元培、胡适、傅斯年等思想家、教育家也提出了自己的教育平等思想,但遗憾的是他们的教育思想因社会的大变革没能进行实践检验,因而并没有得到系统的发展。

　　影响深远的、国内学者推崇的当属美国学者罗尔斯在其著作《正义论》中提出的正义观。他认为:"在社会的所有部分,对每个具有相似动机和禀赋的人来说,都应当有大致平等的教育和成就前景。那些具有同样能力和志向的人的期望,不应当受到他们的社会出身的影响。"[2]罗尔斯的正义可概括为:平

---

　　① 　胡洁茹、王琪:《孔子与柏拉图教育平等思想之比较》,《内蒙古师范大学学报(教育科学版)》2006 年第 3 期。
　　② 　[美]约翰·罗尔斯:《正义论》,何怀宏等译,中国社会科学出版社 2001 年版,第 73 页。

等自由原则、差别原则和机会的公正平等原则。纵观我国各阶段教育的发展状况，教育公平的内涵有所侧重，即义务教育阶段的教育公平要求均衡配置教育资源、区域内教育协调发展；非义务教育阶段的教育公平，则要求提供公平的入学机会。我国学者根据现有的教育状况，提出对实现教育公平的"设想"、教育管理者同样在教育管理实践中采取多种措施和政策保证各阶段教育入学机会和过程公平，对处于教育弱势的群体实施"补偿"政策以保证其完成教育。

鉴于现阶段教育公平的实质是公平分配教育资源，要达到这一结果，必然要保证受教育者的权利和地位平等，从而达到所谓的社会正义。学者对"教育公平"和"教育平等"的内涵看法不一，导致对这一对主要概念在使用上容易出现混乱，有的将二者作为同一概念，也有的对二者进行区分。因此有必要对教育语境下的"公平与平等"，以及更为具体的"机会公平与机会平等"这两对概念进行辨析。

（一）教育公平和教育平等

1. 教育公平与教育平等的区别

公平与平等都是对不同个体、组织、群体、区域等之间的比较，公平强调的是一种状态、是过程，教育公平承认受教育主体的自由选择以及国家对教育弱势者的补偿：个体之间的差异和整体在质上的"等"。在教育语境下，教育公平要达到的目标是教育系统能够同时满足不同受教育者的不同教育需求，即使受教育者在基本平等的基础上有差异的发展，承认"不平等地对待不平等"。尽管教育过程可能不尽相同，但每个受教育者获得的教育机会是公平的，他们对教育的结果是满意的。与此同时，必须要注意的是，教育公平是一个相对的公平，不同历史发展阶段，对教育公平的要求不同，形成的教育公平评价也不同，对于"公平感"的评价始终要结合当前教育系统的客观事实和利益相关者的个人体验，从而达成的一种社会普遍的价值认同。①

平等则强调的是个体之间的无差异,平等是对所有对象使用同一个完全相同的标准:这种"等"更注重在数量上的绝对相等。在教育语境下,教育平等可被视为一种权利——可以是公民个人的受教育权,受法律保护的公民无差别的权利,这是在承认教育是人的基本人权后的进一步扩展;教育平等可以是教育参与权,参与者的法律地位的平等、参与者可以在法律允许的范围内不受胁迫地行使相同的权利。这种教育平等权利的前提是受法律保护、不随着公民身份地位的变化而改变、权利内容的变更只能由法律统一调整,公民可以选择使用或放弃、甚至"用脚投票",但不能转让。教育平等也可以指在一定区域内教育投入的总量相等。在国外的研究中,多见的是将教育平等视为一种受教育者的权利。如沃诺克将教育平等视为一种权益(equal right)、胡森(Torsten Husen)将教育平等视为受教育权(equal access to education),这种权利(益)的平等是绝对的。正因如此,笔者特别强调公平与平等不同。平等是绝对的,是一种衡量的标准。不因个人或集体而使平等的标准发生偏移;公平是相对的,更是一种价值判断,是一种历史的概念,随着社会的变迁和教育发展,教育公平的内涵和外延会发生变化、衡量标准也会发生变化。

2. 教育公平与教育平等的联系

首先,在于教育平等的转化——当教育平等是有差别的、可以通过补偿等手段实现时,它就自觉地转化成为教育公平。因此为了更好地区分教育公平和教育平等,将教育平等的概念固化是十分有必要的。

其次,二者的联系在于它们是社会正义体系下教育分系统内的重要指标。社会正义作为一项社会价值,在教育语境下,国家保障受教育者在法律允许的范围内进行自由的选择在一定程度上实现了社会正义。教育公平的程度愈高,正义的程度就愈高。教育平等的内容越广泛,实现社会正义的程度就越

① 张立新:《中国大学入学公平提升:基于教育双重价值框架的理论分析与实证检验》,山东人民出版社 2014 年版,第 44—45 页。

高。教育公平和教育平等是社会正义的两个方面。

（二）教育机会公平和教育机会平等

教育机会公平，对所有受教育者提供平等的受教育机会，但是受教育资源有限的制约，对高等教育而言，选择一种相对公平的考试，选拔能力更优者接受高等教育。一方面，考试的内容、标准、形式对待所有考生是一视同仁的，这是建立在平等基础上的公平；另一方面，随着高等教育大众化推进，接受高等教育的学生规模越来越大，面临着高等教育从精英教育调整为大众教育的转向，高等教育要满足普通大众的基本教育需求，这就使得高等教育会有高层次教育"下滑"的"风险"，但是国家的发展、科技的进步需要高、精、尖人才的培养，因此，高等教育的大众化并不排斥精英式教育的存在。高等教育机会公平在于满足人们对高等教育的需求，如前所述，高等教育资源的矛盾关系导致高等教育无法实现绝对的平等，为了人的全面发展，提出教育机会公平是为了营造公平的竞争环境，使已经获得第 I 阶段的受教育者，能在公平的环境中竞争。这就需要政府保证竞争者不因经济、地域或家庭背景等原因而与理想的高等教育机会失之交臂，如何能够尽量摒除这一因素的影响，真正实现高等教育机会公平，是世界各国政府、社会和学者面临的共同课题。

第二节　公平观及教育机会公平的相关理论

"公平作为一种评价体系，不是对社会制度的简单描述，而是对社会生活的规范"[①]，更是对社会现实的价值判断与评价。因此，不同的公平理论和公平思想体现了不同学科对公平内涵的不同理解和价值判断。笔者选择较为鲜明地提出公平理论的学科，如政治学、经济学和管理学的公平理论（观）进行介绍。

---

① 万斌、陈业欣：《公平概念的历史发展及当代意义》，《浙江社会科学》2000 年第 4 期。

一、多学科视角下的公平观

（一）政治学的公平观

政治学的公平观是教育公平观重要的理论渊源，其中最具代表性的是政治学家的公平理论。

1. 马克思：人的全面发展的公平观

首先，马克思认为，任何社会公平都是具体的、历史的。这种具体的、历史的公平包括两层含义：一是指任何公平归根到底都是一定经济关系的表现；二是指在还没有进入共产主义阶段之前的公平都是阶级的。联系到现实中则可以说，社会公平是相对的，一是由于现阶段我国还存在着社会分工不同、劳动者的能力不同和地区差异等问题，所以要实现的社会公平是相对的；二是由于现阶段我国正在向市场经济体制过渡，市场经济的正负效应也会造成现阶段社会公平是相对的。"平等应当不仅是表面的，不仅在国家的领域中实行，它还应当是实际的，还应当在社会的、经济的领域中实行。"①

其次，马克思和恩格斯通过对不同经济制度的公平正义观的批判，从而形成马克思主义公平观：对封建专制制度的批判——提出法律面前人人平等；对资本主义生产关系的批判——提出建立新的生产关系和社会关系，使劳资双方的身份平等、不再有阶级的差别；对小资产阶级的批判——指出实现社会正义是一项现实且长期的斗争。②

最后，"马克思、恩格斯认为教育公平问题主要表现为教育的平等性。教育是每一个公民都应该拥有的一项平等权利，这种平等性表现为人的智力和能力发展的平等"③，这与马克思、恩格斯提倡个人权利实质的平等与自由一

---

① 《马克思恩格斯选集》第 3 卷，人民出版社 2012 年版，第 484 页。
② 王咏梅、王东红：《试析马克思恩格斯的公平正义观》，《沈阳大学学报（社会科学版）》2016 年第 6 期。
③ 李森：《教育公平理念的演进历程及其时代特性》，《高教发展与评估》2011 年第 5 期。

致,即一切社会个人都拥有平等的政治和社会地位。他们提出的公平观是符合社会经济发展规律和人的自由发展原则的动态的公平观,是有差别的公平。①

2.罗尔斯:作为公平的正义

1971 年,美国哈佛大学教授罗尔斯发表《正义论》,引发了强烈的反响和讨论,打破了功利主义在政治哲学领域一统天下的格局。② 罗尔斯的"作为公平的正义"是"看待正义的方式。适用于社会基本结构的正义原则正是原初契约的目标。这些原则是那些想促进他们自己利益的自由和有理性的人们将在一种平等的最初状态中接受的,以此来确定他们联合的基本条件。这些原则将调节所有进一步的契约,指定各种可行的社会合作和政府形式"③。他提出的作为公平的正义是在契约社会运行的根本准则,它指导其他一切社会活动;原初状态为契约订立成功的基本条件,保证契约缔结双方平等。

罗尔斯提出的正义原则体现了他的过程的、差别的公平观。正义原则包括两个方面:"第一个原则,每个人对与所有人拥有的最广泛的平等基本自由体系相容的类似自由体系都应有一种平等的权利。"④这一原则即基本权利原则,强调法律、制度面前人人平等,强调法律、制度不承认与具体个人的某种社会地位有关的差别。这就是一种过程的公平。"第二个原则,社会的和经济的不平等应这样安排:使它们在正义的储存原则一致的情况下,适合于最小受惠者的最大利益;并且依系于在机会公平平等的条件下职务和地位向所有人开放。"⑤这一原则是说,在社会地位和经济利益等方面允许某些差别的存在,同时又给这种不可避免的不平等以一些限制条件,这就是所谓的"差别原

---

① 张立新:《中国大学入学公平提升:基于教育双重价值框架的理论分析与实证检验》,山东人民出版社 2014 版,第 54—55 页。
② 姚大志:《何谓正义:当代西方政治哲学研究》,人民出版社 2007 年版,第 1—3 页。
③ [美]约翰·罗尔斯:《正义论》,何怀宏等译,中国社会科学出版社 2016 年版,第 11 页。
④ [美]约翰·罗尔斯:《正义论》,何怀宏等译,中国社会科学出版社 2016 年版,第 292 页。
⑤ [美]约翰·罗尔斯:《正义论》,何怀宏等译,中国社会科学出版社 2016 年版,第 292 页。

则",即他承认社会上存在经济地位的不平等。从表面上看,差别原则是在为合理的差别与不平等辩护,但从深层的意义看,在罗尔斯"对不可避免的差别的严格限制中,又透露出一种希望尽量扩大平等和缩小差距的倾向"①。罗尔斯的差别原则体现出他对因自然天赋导致自身不利处境的社会弱势群体的同情和偏爱,允许"某些人受益于自己较高的天赋反而促进在'自然不测之事'中较不幸者的利益"是差别原则的宗旨,②然而差别原则从理论到落地实施,还有很长的一段路要走:首先在于差别原则中对社会弱势群体的甄别,其次在于强调"对最不利者的利益最大化",对那些通过正当手段(个人努力)成为优势群体的高能力群体产生了负面的激励效应——他们通过减少投入和消极怠工来反对不利于自身的社会契约,从而导致社会效率下降。③

罗尔斯在解释"差别原则"时对"机会平等"进行了论述,并在《作为公平的正义》中作了修正——从文字到内容上使"公平的机会平等"(fair equality of opportunity)从形式走向实质:"对天赋和能力相同、具有相同意愿的人们,无论他们的社会背景,应该在修养和成就方面存在同样的前景……这实现了它,需在超越自然的自由体系,社会也必须为所有人建立平等的受教育机会,而不管其家庭收入的多少"④。公平的机会平等是分配的结果,社会分配给所有人的平等的受教育机会依据其能力和意愿的标准,这种分配资源的价值取向得到很多学者的认同,建立这样的体系的前提是制度保障自由。

罗尔斯的公平观"并不关注社会整体发展和人类共同利益,而是精心设计一种社会公平,为个人幸福和发展提供某种必要的社会保障和条件"①。他

---

① 万斌、陈业欣:《公平概念的历史发展及当代意义》,《社会科学》2000 年第 4 期。
② [加]威尔·金里卡:《当代政治哲学》,刘莘译,上海译文出版社 2015 年版,第 76—77 页。
③ 丁建峰:《经济学视角下的差别原则——罗尔斯与经济学家之间的跨学科对话》,载廖申白等主编:《正义与中国——〈正义论〉出版四十周年纪念文集》,中国社会科学出版社 2011 年版,第 53 页。
④ [美]约翰·罗尔斯:《作为公平的正义》,姚大志译,中国社会科学出版社 2016 年版,第 57—58 页。

认为正义的公平是分配的正义,对话的主体必然是代表公民权益的政府,也只有政府具备这种天然的力量来构建这样一种自由的环境。因此罗尔斯始终强调他的理论是政治学的观点。尽管如此,作为正义的公平观对当代各领域产生了极大的启发。但同时要强调的是,罗尔斯提出的促进社会公平的观念大部分只存在于理论层面,无法直接用于指导社会实践。

3. 诺齐克:持有的正义观

诺齐克(Robert Nozick)作为西方当代最重要的政治哲学家,与罗尔斯齐名。二者同为自由主义代表,但观点却完全对立。自由与平等是最重要的两种政治价值,二者之间形成了一种张力——罗尔斯靠近平等的一端、诺齐克靠近自由的一端;罗尔斯视"正义"为首要原则、诺齐克视"权利"为首要原则。[①]诺齐克的很多观点都与罗尔斯相左,甚至将罗尔斯的观点作为自己的靶子,进行反驳。为了更容易区分罗尔斯的"分配正义",诺齐克用"持有正义"来代替,既是为了说明在经济领域"个人权利"表明个人对经济利益进行主张权利,具有"持有权利或资格"[②],使用"持有"一词,也为后面展开他的观点留下伏笔。

诺齐克在《政府、国家和乌托邦》的"前言"部分开宗明义:"个人拥有权利,而且有一些事情是任何人或群体都不能对他们做的(否则就会侵犯他们的权利)"[③],足见,诺齐克对个人权利的重视。他的持有正义以此为核心,旨在维护个人权利的神圣和绝对。他的"持有正义理论的一般纲领是:如果一个人根据获取和转让的正义原则或者根据不正义的矫正原则(由先前两个原则所规定的)对其持有是有资格的,那么他的持有就是正义的;如果每一个人

---

① [美]罗伯特·诺齐克:《无政府、国家和乌托邦》,姚大志译,中国社会科学出版社 2016 年版,第 1—3 页。

② 张立新:《中国大学入学公平提升:基于教育双重价值框架的理论分析与实证检验》,山东人民出版社 2014 版,第 51 页。

③ [美]罗伯特·诺齐克:《无政府、国家和乌托邦》,姚大志译,中国社会科学出版社 2016 年版,前言第 1 页。

的持有都是正义的,那么持有的总体(分配)就是正义的"③。从中提取持有正义的三个原则:获取的正义原则、转让的正义原则和矫正原则。获取的正义原则规定了事物从无主状态变为有主状态的过程及合法拥有的方式;转让的正义原则说明已经合法拥有的财产为何可以转让给他人;矫正原则是对不正义进行纠正。① 其中,转让的正义原则对于诺齐克的理论最为重要,因为天然的无主物越来越少,人们只有通过"转让"来持有,这一过程必须是自愿地交换。

诺齐克用"持有"代替"分配"的另一原因在于,"分配"说明个人与权利(益)之间的被动联系,只有国家或政府才能决定个人获得权利的水平和程度;"持有"则增强了个人对权利获得的主动性。由此他主张一种社会安排——超低限度的国家。既能保障个人的权利不受国家权力的侵犯,最弱意义的国家也不会借分配的名义扩张国家权力、压缩个人权利的空间。②

正义,对罗尔斯意味着平等;对诺齐克意味着尊重个人权利。诺齐克的理论是强个人权利、弱政府职能。首先所有的"持有"强调财富来源的正当性、转化的持有强调自愿性,所有的程序都是非政府的行为。当出现公民个人权益受到侵犯时,没有公权力对这种侵犯行为进行阻止;当"持有"差异过大时,没有公权力对这种差异进行调和时,出现上述情况仍坚持公民个人的调节必然导致个人主义的盛行,从而加剧个人不平等,造成国家混乱、正义不复,终将导致诺齐克主张的持有正义的失败。因此诺齐克为捍卫"持有正义"而提出"超低限度国家"的观点在现实社会是行不通的,公民自由的实现离不开国家公权力的保障。

综上所述,马克思主义的公平观是从社会制度——生产关系的更迭,从社会、国家乃至全人类的超宏观角度对公平进行界定和论证,使用了丰富的论证方法——辩证唯物主义、唯物辩证法、历史观等——赋予公平丰富的内涵。马

---

① 姚大志:《何谓正义:当代西方政治哲学研究》,人民出版社 2007 年版,第 84 页。
② 孙君恒:《分配正义的两种当代模式——罗尔斯的公平论与诺齐克的权利论》,《河南师范大学学报(哲学社会科学版)》2003 年第 5 期。

克思主义始终坚持基于人的全面发展的公平观,在当前社会和教育领域仍具有极高的指导意义。马克思主义的公平观已经超越了政治学的学科界限。自由主义的两位最重要的代表人物——罗尔斯和诺齐克的学术观点同属于自由主义,但却是"天秤"的两端。他们的公平观的主要分歧在于实现平等的路径。在教育的语境下,根据罗尔斯的公平理论,国家教育机关有权重新分配社会财富包括教育资源,国家应排除受教育者社会背景(经济、文化因素)对教育机会的影响,并对处于不利境地的受教育者实施补偿,最终实现国家正义;相反,根据诺齐克的理论,公民个人对由自己创造的社会财富有绝对的所有权和使用权,受教育者凭个人的社会背景获取教育资源是正当的,国家不应干涉。[①] 换一个角度考虑,当公民个人利用自身的资源获取教育资源的行为侵犯到了其他个人的受教育权益,即持有非正义时就应当由代表公权力的国家采取一定的措施,或保护公民教育权益免受侵犯或补偿教育权益已经受到侵犯的公民。因此教育公平与教育自由必须和谐统一、互为促进,对教育公平追求是为了更好地实现公民个人的教育自由,教育自由体现了更深层次的教育公平。[②] 罗尔斯的《正义论》一经问世,就成为诸多学者追逐讨论的靶子,继诺齐克最为鲜明的"唱反调"后,还有强调资源平等的沃德金,他对罗尔斯的批判包括对契约论的假设、无知之幕对信息的绝对排斥以及忽视生活环境对个人发展的影响,而只关心最不利者所产生的不公平。[③]

(二) 经济学的公平观

经济学的学派众多,笔者选取了与公平理论直接相关的功利主义的代表人物之一穆勒(John Mill)、福利经济学的庇古(Arthur Pigou)和阿马蒂亚·森

---

① 薛二勇:《教育公平与公共政策——促进公平的美国教育政策研究》,北京师范大学出版社 2015 年版,第 29 页。

② 薛二勇:《教育公平与公共政策——促进公平的美国教育政策研究》,北京师范大学出版社 2015 年版,第 35—36 页。

③ 姚大志:《何谓正义:当代西方政治哲学研究》,人民出版社 2007 年版,第 5 页。

（Amartya Sen）的公平理论进行论述，并对古典经济学的公平观进行整体论述。

1. 功利主义公平观

合乎道德的行为或制度能够促进"最大多数人的最大幸福"是功利主义的基本观点，对这一观点的不同解读使得功利主义在政治学领域和经济学领域成为独树一帜的派别。边沁（Jeremy Bentham）在苏格兰学派理论的基础上，首次对近代功利主义作出了比较全面的阐述。[①] 穆勒在前人的理论发展的基础上，对功利主义作了经典的说明：功利主义关注的不是个体的幸福，而是全体人员的幸福。最大幸福原理作为人生的终极目标就是要尽可能多地免除痛苦，在数量和质量方面尽可能多地享有快乐。穆勒认为个体对其他能够表示欲求的事物的追求不应感到羞耻是符合功利主义原则的；个体宁可承受在享受伴随高级官能的快乐产生的更大的痛苦，也不愿意接受以降低人格作为代价换来的更容易的低级快乐。[②] 他认为正义是道德的一部分，禁止人类互相伤害的道德规则至关重要，人"始终需要别人不伤害自己……我们应当平等地善待所有应得到我们平等善待的人（只要没有更高的义务禁止这样做），社会应当平等地善待所有应得到它平等善待的人，亦即平等地善待所有应绝对得到平等的人"[③]。这是社会正义和分配正义的最高抽象标准。功利主义的平等是幸福，所谓幸福是人们认为值得欲求的事物，其实就是个人偏好。[④]

穆勒认为功利主义是正义发生冲突时进行取舍的标准。功利主义一直强调的是最大多数的最大幸福，功利也是社会功利。功利主义承认个体对自身幸福的追求，因此最大多数人的最大幸福可以是获得幸福的个体数量

---

① ［英］约翰·穆勒：《功利主义》，徐大建译，商务印书馆 2016 年版，译者序第 v—ix 页。
② ［英］约翰·穆勒：《功利主义》，徐大建译，商务印书馆 2016 年版，第 8—10、20 页。
③ ［英］约翰·穆勒：《功利主义》，徐大建译，商务印书馆 2016 年版，第 75—77 页。
④ 姚大志：《评福利平等》，《社会科学》2014 年第 9 期。

的加总。功利主义承认个人可以不对他人的幸福作出贡献,但需要正义保卫个人利益不受他人的伤害,这应是对社会正义的最低抽象平等。就功利主义本身的论证而言需要一个外在的标准进行限定,将其本身作为限定标准是不符合逻辑的。功利主义有时被狭隘地认为只是"趋利避害"的投机主义,这是一种误读,承认人对利益的渴求、将社会功利作为取舍的标准是一种务实、理性。"现代社会均以功利主义哲学为基础、以市场经济成就和人民福祉提高论述、维护社会的公正及其合法性"①。这就意味着功利主义在论证其原则时的逻辑缺陷——必须用一个外在的标准代替自身作为标准限定自身。②

2. 福利经济学的公平观

福利经济学理论将公平具体到个人,提倡实现每个人的福利最大化,认为这才是真正的公平。只有将公平具体到个人,才能使公平更具真实性。这里选取了庇古的公平观和阿马蒂亚·森的公平观进行阐述。

(1)庇古的公平观

福利经济学产生于 20 世纪初,理论奠基人庇古在他的《福利经济学》一书中,第一次建立了福利经济学体系,以"寻求最大化的社会经济福利"为目标。③ 首先,福利经济学的公平观认为经济公平就是保障每个人有平等的机会参与市场交换,并不要求分配结果也公平。早期以庇古为代表,认为按照边际效用递减规律,一个人的收入愈多,其货币收入的边际效用愈小。因此,将货币收入从富人那里转移一些给穷人,使社会福利的总量增加。庇古确立的社会经济福利标准是:(1)国民收入总量愈大,福利愈大;(2)收入分配愈平均,福利愈大。显然,庇古的经济公平观不仅注重起点和机会均等,

---

① 李晓兵:《公正是结果还是过程?——功利主义公正观与〈正义论〉公正观的哲学思考》,《中共中央党校学报》2012 年第 6 期。
② 龚群:《对以边沁、密尔为代表的功利主义的分析批判》,《伦理学研究》2003 年第 4 期。
③ 周一桃:《庇古与福利经济学的产生》,《特区经济》2000 年第 8 期。

还更加关注分配结果是否公平。这是对古典经济学经济公平观的重大修正。其次,庇古的福利经济学体现了伦理主义。如庇古提出的向穷人转移的三种方式中的第一种——区分反对懒散与浪费的转移,接受者能在公正地代表他们各自能力的范围内赡养自己;第二种——中性转移,如免费学校教育,赠予穷人的孩子或者免除学费的一部分①;又如庇古主张建立"全国实际收入最低标准",因为尽管"可能对国民所得有不利影响,但与此同时,它对穷人有利"②。这里包含了福利经济学公平观关注人的权利和地位提升、关注弱势群体,体现在肯定个人的价值、设立最低工资标准、重视教育、救助弱势群体等方面。③

庇古的福利经济学开辟了经济学的一个新领域,他的研究具有历史的进步性。他的经济福利主要以货币为衡量手段,对弱势群体的关注、对穷人教育的重视(补偿)等,都是要提高穷人的购买力,增加经济福利。这种福利经济的公平观饱含着他对穷人的同情,穷人的购买力增强、富人的购买力不因财富和购买力的转移而减少,那么经济福利的公平便实现了。在现实世界中,一些自称为福利国家的西方国家在国家运行社会发展历程中也并非一帆风顺,穷人因变成懒人而购买力降低、只依仗福利不创造社会财富只坐享社会财富的现象愈发严重。新福利经济学家运用"序数效用论""帕累托最优""补偿原理""社会福利函数"等分析工具来说明政府应当保证个人的自由选择权利,通过个人福利的最大化来增进整个社会的福利,以此实现社会福利的最大化。

(2)阿马蒂亚·森的公平观

阿马蒂亚·森以福利经济学方面的贡献获诺贝尔经济学奖。他主张以能

---

① [英]A.C.庇古:《福利经济学(下卷)》,朱泱等译,商务印书馆 2014 年版,第 747—753 页。

② [英]A.C.庇古:《福利经济学(下卷)》,朱泱等译,商务印书馆 2014 年版,第 786 页。

③ 杨维:《庇古福利主义伦理思想研究》,硕士学位论文,江西师范大学,2013 年,第 18—26 页。

否提高人们赖以进行基本活动的能力来衡量公平,是基于可行能力的公平观,是一种"弱公平原则"。①

首先,提出以"自由看待发展,将自由视为发展的首要目的,也是发展的主要手段。个人的自由的实质是一种社会产品"②。阿马蒂亚·森提出的实质自由是对罗尔斯和诺齐克的回应——享受人们有理由珍视的那种生活的可行能力,可行能力是有可能实现的、各种功能性活动的组合。发展就是扩展的自由。③这个列清单的过程是一种个人选择的过程,这种选择的能力在森的公平观里就是实质的自由,自由是一种能够遵从内心感受进行选择的自由。④他具体分析了五种工具性自由——政治自由、经济条件、社会机会、透明性担保和防护性保障。其中,社会机会指的是在教育、保健等方面的社会安排。它有别于罗尔斯关于工作方面的机会;防护性保障提出要重视民主制度的重要性——既要有制度反映弱势群体的痛苦,又要有政治性激励机制促使政府去关怀和解决民众的痛苦。⑤

其次,提出了更具包容性的价值评价指标。他用"扩大的信息基础,以实质自由作为综合价值标准来评价现代社会的价值"以回应功利主义、自由至上主义和公平主义——每种价值都因其内在的信息基础或绝对排他性而无法全面真实地作出评价。相反,他提出:"扩大信息基础,经构成实质自由的功能性活动为评价标准,是包容的,是实在的,对每个参与评价的人来说,被赋予了实质的身份平等——所有价值要素的权重都要通过公共讨论和民主的社会

---

① 张立新:《中国大学入学公平提升:基于教育双重价值框架的理论分析与实证检验》,山东人民出版社 2014 年版,第 59—60 页。

② [印]阿马蒂亚·森:《以自由看待发展》,任赜等译,中国人民大学出版社 2012 年版,第 1—23 页。

③ [印]阿马蒂亚·森:《以自由看待发展》,任赜等译,中国人民大学出版社 2012 年版,第 53—56 页。

④ 欧阳美子:《农村义务教育学校布局调整政策执行问题研究——以吉林省某农村学校布局调整情况为例》,硕士学位论文,东北师范大学,2012 年,第 50 页。

⑤ [印]阿马蒂亚·森:《以自由看待发展》,任赜等译,中国人民大学出版社 2012 年版,第 31—33 页。

选择过程来确定。"①

阿马蒂亚·森的以自由看待发展的弱公平观,对待公平的论证是谨慎的,"他对可行能力的定义以自由和机会为导向,而不是仅仅着眼于最终的选择或结果,因此可行能力视角能够反映人与人之间的在各自所具有的优势上的明显差别,而这种差别可以帮助我们认识到一个人真正的弱势所在"②。之后,由国家和社会进行精准地补偿。以自由看待发展的弱公平观,突破了传统观念对自由和发展的务虚性,具有较高的可行性——国家和政府可以通过辨别和补充人们的可行能力清单来实现实质的自由。他反对用单一的标准评价人们的福利与自由,对可行能力的清单只提供了范畴。在这方面美国学者玛莎·努斯鲍姆(Martha Nussbaum)成为重要的发展者。③ 她进行了翔实的列举,提出十种核心能力清单,这十种核心能力包括"生命、身体健康、感觉、想象和思考、情感、实践理性、归属、其他物种、娱乐和对外在环境的控制"④。

3. 古典自由主义的公平观

20 世纪 20 年代以后,西方主流经济学不仅关注机会均等问题,同时也开始强烈关注收入分配的结果是否公平的问题。古典自由主义的公平观体现在对收入的公平上,主要体现在对自由市场竞争中机会均等的推崇和对分配结果公平的批判。其理论的关键点表现为:推崇市场功能,认为市场机制是实现社会公平的根本保证,否定国家和政府在促进社会分配公平中所起的作用。古典自由主义认为,贫穷不能依靠社会再分配解决,真正有效地提高穷人生活水平的途径是依靠市场经济本身,经济增长是解决贫困的最好方法。

---

① [印]阿马蒂亚·森:《以自由看待发展》,任赜等译,中国人民大学出版社 2012 年版,第 5—7、46—71 页。

② [印]阿马蒂亚·森:《正义的理念》,王磊等译,中国人民大学出版社 2012 年版,第 5—6 页。

③ 杨兴华、张格儿:《阿玛蒂亚·森和玛莎·努斯鲍姆关于可行能力理论的比较研究》,《学术论坛》2014 年第 2 期。

④ [美]玛莎·努斯鲍姆:《寻求有尊严的生活——正义的能力理论》,田雷译,中国人民大学出版社 2012 年版,第 24—25 页。

（三）管理学的公平观

管理学的公平理论（equity theory）作为当代动机理论的一种，由亚当斯（J.Stacey Adams）在 20 世纪 60 年代提出。该理论认为员工首先将自己从工作中的所得和付出进行比较，然后将自己的付出—所得与他人的付出—所得进行比较。由比较的结果作出的对个人付出—所得公平或不公平的评价，进而调整下一步工作的付出程度：如果员工认为所得报酬过低，不公平感随即产生，接下来很有可能降低工作效率甚至离职；如果员工认为所得报酬过高，带着侥幸心理同样会降低工作效率。公平理论起初着眼于"分配公平"（distributive justice），即人们认为报酬数量以及报酬在众人间的分配所具有的公正程度。近年来转向对程序公平（procedural justice）的研究：[1]瑟保特（Thibaut）和沃尔克（Walker）在研究了法律程序中的公平问题后提出了程序公平的概念，1980 年，莱文瑟尔（Leventhal）等人把程序的公平引入组织管理，当员工认为分配机制是公平的程序时，会受到正面激励而更加卖力工作。[2] 可见，程序公平影响员工对组织的忠诚度，分配公平则影响员工对工作的满意度。

亚当斯提出的公平理论，是一种社会比较公平理论，反映了第二次世界大战后西方社会发展过程中的问题，目的在于缓解劳资双方的矛盾。[3] 以亚当斯为代表的管理学的公平理论中的公平程度是相对的，是一种凭个人在一定范围内进行比较得出的判断：不同的比较对象会产生不同的比较结果，比较的内容以个人物质利益为主，比较的结果公平或不公平带来的影响也是局部的、短期的。解决这种不公平的问题可以通过组织提高员工的分配报酬、加强组织培训或完善分配程序使之达到员工普遍认可的公平状态，也可以通过员工

---

① ［美］斯蒂芬·P.罗宾斯、玛丽·库尔特：《管理学》，李原等译，中国人民大学出版社 2012 年版，第 436—437 页。

② 孙伟、黄培伦：《公平理论研究评述》，《科技管理研究》2004 年第 4 期。

③ 叶章和：《试论亚当斯公平理论在管理实践中的运用》，《苏州大学学报（哲学社会科学版）》1995 年第 2 期。

个人的自我安慰,或调整比较对象或跳槽到能够提供更高报酬的组织得以消除。管理学的公平理论对于研究教师薪酬待遇、激励教师有一定的参考意义。

综上所述,不同学科对公平的解读也是不同的:政治学的公平理论——代表公权力的国家和代表私权利的个人,围绕资源分配的主导权的斗争;以马克思为代表的马克思主义公平观是超越了政治学科的大公平观,站在历史和人类发展的角度;经济学的公平理论——将公平具体化为公民的实在的福利,以国家为主导,围绕向穷人(弱势群体)转移资源的方式以提高个人福利水平和国家总体福利水平;管理学的公平理论——探讨组织利用报酬等手段激励员工,研究的对象和研究外延最为具体。

政治学的公平理论为其他学科的公平理论提供了理论的渊源,但对实际国家运行和社会管理的指导力略显不足。相反,经济学和管理学等学科不仅将公平理论的研究向前推进,而且与具体的学科特点相结合,更利于应用于实践。

公平理论发端于政治学和伦理学领域,公平的积极作用得到各学科的普遍认可,公平不是唯一的研究对象。对公平的探索实际上围绕着"公平、自由和正义"关系的考察,公平的程度愈高,社会对弱势群体愈发包容,公民个人的自由体验越深刻,表明国家正义的程度越高。按照阿玛蒂亚·森的观点,公民个人愈自由表明选择的权利愈大、选择的范围愈广,这种实质自由的获得离不开国家的制度保障,实质自由的程度愈高、社会愈公平。公平作为一种价值观是人类社会永远在追求却又无法真正实现的理想社会状态,所有理论研究都是基于当前的社会发展水平,探求更好地实现公平的方式,都是在尝试各种手段弥合公平的应然与实然之间的差距,以期能达到较为理想的状态。

二、教育机会公平的相关理论

西方学者对教育公平的研究起源于政治哲学和社会伦理领域,把教育平等作为一项社会权利,更多的是对教育机会均等方面的研究。

（一）教育机会均等理论

教育机会均等理论是教育公平理论的一个重要内容。其中，贺拉斯·曼（Horace Mann）和胡森对教育机会均等的论述比较有代表性。

1. 贺拉斯·曼：普及教育

美国教育学家贺拉斯·曼提出的普及教育思想体现了教育机会均等思想。尽管其普及教育思想散见于他的年度报告、讲演、书信和日记中，但并不妨碍他的公民教育思想的传播。[①] 从 1837 年他被任命为马萨诸塞州教育委员会第一任秘书开始，终其一生为美国公共教育事业的发展作出了不可磨灭的贡献，被誉为"公共教育之父"。[②]

贺拉斯·曼的普及教育思想的目标是普及教育，精髓是教育机会均等和教育权利平等。当时美国社会各界对公共教育产生需求，他本人推崇"具有市场价值的教育是一种商品，可以转化财富和利润"的观点，即对教育投资使得发展公共教育势在必行。[②]他认为教育是一项公民的基本人权，为了保证贫困家庭的儿童顺利上学，他提出发展免费教育；只有地方政府和社区提供的公共学校是实现儿童免费教育的途径。[③] 在他看来，公立学校不仅传授知识，也在传授符合民主社会发展的道德和价值，是在培养美国民主社会的有道德、有知识、有责任的合格公民，保证美国共和国的未来。[①]公共学校无差别地接收学生——不分学生种族、性别、宗教信仰和社会经济背景——使其成为最适合公民教育的主阵地。他对保证普及教育的思考还表现在对公共学校的运营管理的关注，如提出要吸引公众对公共学校的支持（缴纳教育税）、公共管理、完

---

① 单中惠：《贺拉斯·曼和美国的普及教育》，《华东师范大学学报（教育科学版）》1985 年第 1 期。

② 徐曼：《贺拉斯·曼公共教育思想研究》，硕士学位论文，山东师范大学，2008 年，第 7—12 页。

③ 苏守波：《贺拉斯·曼的公民教育思想及其实践》，《山东理工大学学报（社会科学版）》2016 年第 3 期。

善学校的公共设施和教学体系,以及开展教师的培养和培训。②

贺拉斯·曼对美国公共教育的发展竭尽心力,他的教育思想有积极的一面,也有保守的一面。积极的方面表现在,鉴于年轻的美国社会的发展需要,对教育机会均等的诠释、对普及教育的现实意义和长远的思考,他自觉地站在了教育管理者的角度;"公共教育"在他的教育思想中扮演了极其重要的角色。瑞典教育学家托尔斯顿·胡森曾说,"传统自由派的平等内涵具有重要意义,这背后的核心观念是正式教育起点平等——因此,贺拉斯·曼将教育视为'伟大的均衡器'";①贺拉斯·曼提出一系列开展和维护儿童的免费教育具有系统性,意在改变美国社会分散且混乱的教育局面;他提出的免费教育在今天看来仍不失为有远见的想法;他的教育机会均等是绝对的、是"天赋人权"。从这一点看,他提出政府提供免费教育同时兼具教育意义和政治意义。但是保守的一面也很明显,如从儿童开始培养接受资本主义的卫道士、缓和阶级矛盾,这是曼教育思想中保守和局限的一面。②

2.胡森:教育机会均等界说与教育机会扩大

瑞典教育学家托尔斯顿·胡森关于教育机会均等理论的阐释,包括对教育机会均等概念的界说、概念演变和影响教育机会均等的变量的确定和分析。

胡森对教育机会均等概念的界说。他认为,就个人而言的"平等"包括个体的起点平等、中介性的阶段平等和最后的目标或者这三方面的综合。③ 它们分别对应了效率、公平和自我实现三种主要社会价值:效率优先的起点平等论,在教育权利平等的前提下,经过高度筛选、分流的教育制度,郑重考虑经济合理性;公平优先的形式平等论,要求在教育资源配置和教学过程中,平等地对待每一个儿童,使其享受到同样的教育;突出个性发展的实质均等观,以承

① Husen T.,"Problems of Securing Equal Access to Higher Education:The Dilemma between Equality and Excellence",*Higher Education*,Vol.5,No.4(1976),pp.407—422.

② 郭小香:《贺拉斯·曼社会改良主义公民教育思想探析》,《学术交流》2011年第12期。

③ [瑞典]托尔斯顿·胡森:《平等——学校和社会政策的目标》,载张人杰主编:《国外教育社会学基本文选》,华东师范大学出版社1989年版,第194—195页。

认个体差异、发展不平衡性为前提,给每个儿童提供不同的教育,使其天赋、个性得以发展。①

胡森对教育机会均等概念的推演。他对影响教育机会均等的环境和社会变量考察并对科尔曼教授提出的教育机会均等这一概念评述之后,将教育机会均等的概念根据社会哲学要义划分为三个阶段——保守主义阶段、自由主义阶段和新概念阶段。保守主义阶段认为人的关于"教育机会均等"的概念是保证每个受教育者在教育竞争中受到平等的对待,使每个人得到与他的能力相适应的教育。虽然所得到的结果肯定是不平等的②,但保守主义认可这种不平等的教育结果,因为"上帝使所有人具有不同的能力,而尽可能充分地利用这种能力则是个人自己的事情"③。受之影响,在 20 世纪上半叶,欧洲社会出现了"双轨制的教育制度"。自由主义阶段将教育系统视为消除阶级芥蒂、保障不同阶级和阶层的学生都能接受教育的工具,学生的能力和才能是入学和升级的依据。胡森认为,这种以能力取胜的教育筛选制度背后,并不排除对学生社会—经济背景的影响。④ 在新概念阶段,教育机会均等的理念应有所发展——如入学方面从形式上的平等转向提供更多的入学机会、社会向弱势的儿童提供补偿、对教育政策的新诉求和对社会改革带动教育改革的希冀。⑤ 从《平等——学校和社会政策的目标》中胡森对教育机会均等概念演变的分类中可以看出,人们不断弥合因天赋禀性差异导致的教育机会不均,以社会—经济为主要因素的学生的社会背景始终影响着不同阶层的学生获得教育

① 汪泓:《社会保障制度改革与发展——理论·方法·实务》,上海交通大学出版社 2008 年版,第 36 页。

② 马凤岐:《教育政治学》人民教育出版社 2007 年版,第 175 页。

③ [瑞典]托尔斯顿·胡森:《平等——学校和社会政策的目标》,载张人杰主编:《国外教育社会学基本文献选》,华东师范大学出版社 1989 年版,第 206—209 页。

④ [瑞典]托尔斯顿·胡森:《平等——学校和社会政策的目标》,载张人杰主编:《国外教育社会学基本文献选》,华东师范大学出版社 1989 年版,第 209—215 页。

⑤ [瑞典]托尔斯顿·胡森:《平等——学校和社会政策的目标》,载张人杰主编:《国外教育社会学基本文献选》,华东师范大学出版社 1989 年版,第 215—217 页。

机会的效果,为转变这种影响,需要向弱势阶层的学生提供补偿,推进社会改革带动教育改革。因此"胡森的教育机会均等新概念阶段是一种激进的社会学观点,概括了现代教育的新探索"①。

胡森的教育机会均等理论,还包括对教育机会均等和教育平等关系的考察。他将研究的视角从教育系统内部扩展到教育系统与社会系统的互动上(政策系统、社会系统),实则是对影响教育机会均等的环境和社会因素的考察——将教育(选拔)制度和学生社会背景作为两个重要因素进行批判。他分析筛选性教育制度的危害——以瑞典为例,双轨制(dual-track system)的教育制度、来自低阶层家庭的孩子无法适应预备学校的生活也无法得到家庭的支持及农村地区的旧有教育制度等原因共同造成了人才的浪费。② 他建议在高等教育阶段,根据学生求学目的——职业发展需求或学术追求——采取非竞争或竞争的选拔策略,以保证每个学生都有获得教育的机会。③ 他反驳"扩大的教育机会意味着人才质量的降低(more means worse)"的观点。他利用IEA(The International Project for the Evaluation of Educational Achievement)工程部分测试结果,证明扩大的教育机会并没有影响人才的质量,总结性地指出IEA 的实验结果证明了利用教育政策使国家的教育结构变得更加灵活的方法扩大了不同阶层孩子的受教育机会,变革后的教育制度能够提供支撑满足每个人依据他们的能力界限获得尽可能多的教育。④

胡森提出的教育机会均等理论,始终关注教育系统、社会和受教育个体之间的关系变化,尊重受教育者的自主性,承认结果的非一致性。他提出的教育

---

① 诸燕、赵晶:《胡森教育平等思想述评》,《徐州师范大学学报(哲学社会科学版)》2007年第4期。

② Husen T. , "Loss of Talent in Selective School Systems:The Case of Sweden" , *Comparative Education Review* , Vol.4 , No.2(1960) , pp.70-74.

③ Husen T. , "Problems of Securing Equal Access to Higher Education:The Dilemma between Equality and Excellence" , *Higher Education* , Vol.5 , No.4(1976) , pp.407-422.

④ Husen T. , " Does Broader Educational Opportunity Mean Lower Standards? " , *International Review of Education* , Vol.17 , No.1(1971) , pp.77-91.

选拔制度旨在将社会背景(社会—经济因素、父母受教育程度等)对入学机会的阻碍程度降到最低,从而保证学生获得的教育机会均等、教育的平等。正如他强调的,教育均等是平等的好处、权利或指依据已有的原则或规则平等地对待,它不意味着每个人都应该一样,也不意味着每个人因有了高等学校入学机会而必须(强制)要继续学业。

3.其他学者对教育机会均等的解释

亨利·利文(Henry M.Levin)在研究西欧教育机会与社会不平等时指出,评价教育机会平等应该有四个方面的标准:(1)对于具有相同教育需求的人给予的受教育机会均等;(2)具有不同的社会背景的学生,获得教育的机会均等;(3)教育结果的均等;(4)教育对生活机会的影响是均等的。①

霍(K.R.Howe)认为,教育机会均等原则是机会均等原则的一部分。一般意义上的机会均等就是只要个体具有获得社会财富的平等的机会,在分享社会财富上的不平等在道德上是允许的。据此,教育机会均等就是只要个体具有获得某种教育的平等机会,教育结果的不平等在道德上是允许的。②

美国芝加哥大学安德森(C.A.Anderson)认为,所谓教育机会均等,不外四种含义:(1)指提供每个人同量的教育;(2)指学校教育的提供,使每一个儿童达到既定的标准;(3)指教育机会的提供,使每一个体充分发展其潜能;(4)指提供继续教育的机会,直至学生学习结果符合某种常模者。

1965 年,美国、英国、西德等 21 国组成的经济合作与发展组织(OECD)在有关报告中提出,教育机会均等至少有三方面的内涵:(1)能力相同的青年,不论其性别、种族、地区、社会阶级等方面的差异,均具有相等的机会,接受非强迫性的教育;(2)社会各阶层的成员,对于非强迫性的教育均具有相等的参与比率;

---

① Levin.Henry M.,"Educational Opportunity and Social Inequality in Western Europe",*Social Problems*,Vol.24,No.2(1976),pp.148-172.

② 杨莹:《教育机会均等——教育社会学的探索》,师大书苑有限公司 1995 年版,第154 页。

(3)社会各阶层的青年,均具有相等的机会获取学术的能力。显然,该组织注意到了在非强迫性教育各阶段中不同社会阶层的教育机会均等的问题。[①]

日本能力主义把儿童依据成绩分类,按成绩反映出的能力进行上下排序,并依据他们升学与不升学、升普高还是职高、男生或是女生、所在学校是一流还是几流,进行区别对待。由此在儿童之间产生激烈而冷酷的竞争主义,使得我国的学历社会的倾向加强,学校成为学历竞争的战场。这种现象可以称为教育中的"能力主义"。[②]

有学者认为,教育财政学中的公平与教育机会均等的含义有很大的相似之处。"当人们认识到儿童偏好与先天能力的差异给所有儿童提供的同等教育目标不可能真正实现时,教育公平常被转述为教育机会均等。"[③]

(二) 教育平等观

许多西方学者对教育平等提出了看法,遗憾的是他们的观点没有形成系统的理论。如科尔曼提出了教育平等的四条标准,反映了教育平等观念的历史过程:进入教育系统的机会均等、参与教育的机会均等、教育结果均等和教育对生活前景机会的影响均等。[④] 这四个标准分别对个体参与教育的每一个阶段都提出平等的具体标准要求。科尔曼意识到教育平等的结果无法全部实现,他认为对根据投入定义的教育平等排除了教育的作用,这是公共教育的全部意义;他更认为"教育机会平等"是错误和会产生误导的概念,与其讨论教育机会平等不如讨论减少教育机会的不平等。[⑤]

[①]　马早明:《西方"教育机会均等"研究述评》,《教育导刊》2001 年第 15—16 期。

[②]　翁文艳:《教育公平与学校选择制度》,北京师范大学出版社 2003 年版,第 73 页。

[③]　Guthrie J.W., Pierce L.C., *School Finance and Education Policy:Enhancing Educational Efficiency, Equality, and Choice*(2nd ed.), New Jersey:Prentice-hall, Inc., 1998, pp.15-41.

[④]　袁振国:《论中国教育政策的转变——对我国重点中学平等与效益的个案研究》,广东教育出版社 2000 年版,第 67 页。

[⑤]　Coleman J.S., "What Is Meant by 'An Equal Educational Opportunity'?", *Oxford Review of Education*, Vol.1, No.1(1975), pp.27-29.

　　沃诺克认为教育平等就是确保每个人得到了法律规定的应得的,她视教育平等为一种权利(equal right),对教育平等实质内容的提供在数量上要远多于受教育个体的需求。[①] 她定义的教育平等不再只是一些教育投入的标准,而就像教育是基本人权一样,是一种作为公民应有的权利,使教育平等的概念下沉到受教育个体,更容易被接受和感受。将教育平等与法律联系起来,使得受教育者在主张教育平等权时有法可依,她反驳了教育平均主义关于"在教育过程本身不同教育参与者(教师和学生关于学习内容的设置等相关问题)的平等"的论调。

　　南格尔(Nagel)将教育平等分为"消极平等",即国家对教育平等的有关规定(包括法律条文)和"积极平等",即事实上促进教育机会均等的具体措施。[②] 消极平等是非干涉主义的,积极平等则是干涉主义的,两者相辅相成,而后者更为重要。严格地说,他所谓的消极平等是指国家对教育平等的有关规定,积极平等是指事实上促进教育机会均等的具体措施。

　　布劳—邓肯(Blau,Duncan)的地位获得模型中所研究的教育,包含两个层次的教育平等问题:(1)来自父母教育和地位的不平等影响(家庭背景);(2)本人教育获得的结果(受教育年限)的不平等。[③] 大多数研究教育不平等的学者,沿袭的大体是这种理论范式。

（三）教育公平理论

　　西方学者对教育公平理论的解释,主要集中在对教育公平的评价方面。如麦克马洪(McMahon)提出教育公平包括三种类型:水平公平(horizontal equity),相同者应该受到相同的对待;垂直公平(vertical equity),不同者受到不

　　① Warnock M.,"The Concept of Equality in Education",*Oxford Review of Education*,Vol.1,No.1(1975),pp.3-8.

　　② Nagel T.,*Equality and partiality*,New York:Oxford University Press,1991,p.30.

　　③ Blau P.M.,Duncan O.D.,*The American Occupational Structure*,New York:The Free Press,1967,pp.313-331.

同的对待;代际公平(intergenerational equity),应确保上一代人的不平等现象不至于延续给其下一代人。水平公平与垂直公平体现出了罗尔斯正义原则中的平等自由原则和差别原则,是要在同一代人的教育中保证公平;代际公平则将教育公平延伸开来,上一代的不平等现象不延续给下一代,就是要终止出身、家庭背景等非自身因素对教育公平的负面影响。[①] 又如詹克斯(Charles Jencks)认为教育不公平突出地表现在三个方面:第一,教育资源的不平等;第二,学生就学机会的不平等;第三,一些学生选择课程之间机会的不平等。这反映了他对于教育公平概念的认识。他认为导致教育不公的原因在于现行公共教育制度中的官僚制对教育过分计划化的问题,使教育失去自由发展的活力。[②]

我国也有学者对教育公平的问题从不同层面进行了探讨。如王本陆认为,现代社会对教育机会均等的追求,主要解决如下四方面的教育不公现象:一是阶级(阶层)间的教育机会不平等;二是种族间的教育机会不平等;三是性别间的教育机会不平等;四是正常人与异常人间的教育机会不平等。在社会主义社会,实现教育公正的途径是消除教育中的等级特权,坚持合理公平与整体效益的统一。朱家存从公民与国家关系的角度分析教育公平问题,认为义务教育是国家行为、政府行为,是政府用纳税人的钱来办的"公事",应该是让公众受益的。因此,公众在义务教育的享受上应该是平等的,政府必须一视同仁对待所有"消费者"。财政部教科文司、教育部财务司课题组从经济学的角度对公平进行了不同层面的理解,认为公平通常包括经济公平和社会公平两个层面,前者是指按各人投入的生产要素来分配收入,后者是指在家庭消费上,政府的各项政策有利于缩小差距。[③] 教育中的公平更符合其对公平理解

① 夏雪:《中国义务教育财政公平实证研究》,东北师范大学出版社 2015 年版,第 29 页。
② 翁文艳:《教育公平与学校选择制度》,北京师范大学出版社 2003 年版,第 48 页。
③ 财政部教科文司、教育部财务司课题组:《中国农村义务教育转移支付制度研究》,上海财经大学出版社 2005 年版,第 89 页。

中社会公平的部分。王善迈在承认差别的前提下,从宏观和微观层次对教育公平分别进行了界定:在宏观上指适龄儿童、青少年享有同等的受教育权利和机会,享有同等的公共教育资源服务,并向社会弱势群体倾斜;在微观上指教育者(包括校长和教师)应同等地对待每个受教育者(学生),而不应有任何歧视。宏观层次的教育公平又可以分为起点公平、过程公平和结果公平。①

相对于国外关于教育公平的理论研究,国内的研究较为单薄。"我国关于教育公平的研究多停留在现象描述阶段,缺乏相关理论和方法指导的经验研究,这既是由于选择度量教育差距工具的困难,又是因为相关数据的匮乏。"②"对公平的追求只是对学校的财政资助计划,通过这种财政资助至少可以为学生提供改变其命运的机会,如果这一资助不由公共财政提供是完全讲不通的。"③教育公平的实现与公共财政密不可分。

(四) 基于社会分层的教育公平理论

教育公平作为社会公平的一部分,一直以来都受到社会学家的关注。一些社会学理论为考察教育公平问题和高等学校入学机会公平问题提供了新的角度。这些社会学理论的"更新换代",使得研究者对教育公平问题、高等教育公平和高等学校入学机会公平问题的认识更加深入。这里选取了有代表性的几个社会学理论:社会分层理论(Social Stratification Theory,SST)、文化再生产理论(Theory of Cultural Reproduction,TCR)、理性选择理论(Rational Choice Theory,RCT)、理性行动理论(Rational Action Theory,RAT)和最大化维持不平等假设(Maximally Maintained Inequality,MMI)、有效维持不平等假设(Effectively Maintained Inequality,EMI)。

---

① 王善迈:《教育公平的分析框架和评价指标》,《北京师范大学学报(社会科学版)》2008年第3期。

② 林涛、成刚:《我国教育经费公平程度的经验研究》,《统计与决策》2008年第6期。

③ Thompso D.C., Wood C.R., Honeyman D.S., *Fiscal Leadership for Schools: Concepts and Practices*, New York: Longman Publisher USA, 1994.pp.211.

1. 社会分层理论与高等教育公平

社会分层作为社会学领域中的一个核心概念受到社会学家的普遍关注，教育作为社会的一个子系统，必然受到社会发展、变迁的影响，可以说某些教育现象是对社会现象的映射。因此，对社会分层及社会分层理论的研究有助于理解教育领域中出现的分层现象。

（1）社会分层的定义及分类

首先，不同学科对社会分层（social stratification）给出了不同的定义。[①] 从社会学的角度，李强指出："社会分层指人们的社会地位差异结构，该差异结构本质上是由于人们占有资源的不同而产生的。"[②]徐祥运、刘杰认为："社会分层指的是依据一定具有社会意义的属性，一个社会的成员被区分为高低有序的不同等级、层次的过程与现象。"[③]他们进一步指出了社会分层是一种过程；社会分层出现的条件——当一些依附人身的条件，如财富、声望、权力等，出现不平等、系统性分配时，社会出现分层；社会分层的性质、对被分配的资源的评价由社会文化价值观左右。

从教育学的角度，周作宇指出："社会分层是一种社会现象，是制度化了的社会不平等体系。在这种不平等体系中，有的人或集团可以获得更多的争取社会资源甚至攫取公共资源的机会，而别的人或集团则在资源的获取机会上处于明显不利的地位。"[④]胡森指出，社会分层是"某个社会中的人群依照某一个或某几个等级维度所进行的阶级分层，这些维度是存在的和人们所认识到的收入、财富、权力、社会名望、年龄和种族及其他社会特征的联合……这种等级的重要性在于职业在社会资源（例如收入、财富和权力）的占有程度上存

---

① 鉴于本书研究的内容，选取社会学和教育学的角度对现有"社会分层"的定义进行限定性的选择。
② 李强：《社会分层与社会空间领域的公平、公正》，《中国人民大学学报》2012年第1期。
③ 徐祥运等：《社会学概论（第四版）》，东北财经大学出版社2015年版，第234页。
④ 周作宇：《教育、社会分层与社会流动》，《北京师范大学学报（人文社会科学版）》2001年第5期。

在系统性的相异,除了其他因素(如智力)外,社会资源部分地解释了人们生活中的机会(例如健康)的最终差异,以及人们后代生活(例如孩子的教育成就)的差异。"①

可见,无论从社会学还是从教育学角度来定义,社会分层都是由于资源的分配不公平而导致一部分人成为利益获得者、另一部分人成为不利者的状态。这种资源分配机制是系统化或制度化的,而非个人或少数团体能左右的。社会分层是社会不平等的表现,社会分层的结果是出现不同的阶层。②

其次,关于社会分层理论的分类。学界广泛认可的经典的社会分层理论的三个代表为马克思的社会分层理论、韦伯(Max Weber)的社会分层理论和涂尔干(Emile Durkheim)的社会分层理论。

马克思的社会分层理论。马克思关于社会分层的理论是在经济——政治关系框架下开展的,具有鲜明的意识形态特点。在马克思的社会分层理论中,"阶级"是它的关键词。因此他的社会分层理论反映的是阶级社会里社会分层的本质特征、阶级冲突是最基本的社会冲突、社会分层的根源在于经济利益、社会分层结果是社会革命。③ 马克思社会分层理论中生产资料是最重要的社会资源,即有无生产资料、占有生产资料的多寡不仅决定了人们的经济收入,而且决定了人们在社会生活中的角色,即社会地位的

---

　　① ［瑞典］T.胡森、［德］T.N.波斯尔斯韦特:《教育大百科全书(第2卷):教育人类学、教育哲学、教育社会学、女性与教育、教育史》,张斌贤等译,西南师范大学出版社、海南出版社2006年版,第307页。

　　② 阶层(stratum)和阶级(class)是研究社会分层理论中两个重要的概念。在社会分层理论中,马克思的社会分层理论中阶级一词具有鲜明的意识形态意识,根据李春玲、吕鹏等人的论述,阶级是存在着利益冲突的社会群体,阶级的划分基于政治性的标准或意识形态理念。阶级是关系属性的群体、阶层是等级属性的群体分类。对于研究者使用的是阶级还是阶层的概念,主要依据其论述的具体含义。参见李春玲等:《社会分层理论》,中国社会科学出版社2008年版,第11—15页。

　　③ 宋惠芳:《现代社会学导论》,山东人民出版社2015年版,第141—142页。

高低。①

　　韦伯的社会分层理论——多元分层观。按照柯林斯（Randall Collins）等人对韦伯的社会分层的分析，韦伯用经济、政治和文化代表不同的秩序使行动者们连接在一起，每一种秩序都影响人类的行为，每个人所受影响也不同。不同秩序下的行动者们，如果具有共同的地位和利益倾向将会组成成员地位平等的团体并对团体外的行动者具有排斥性。依据不同的秩序进行社会分层——阶级、政党和身份群体。② 这就引出了韦伯社会分层理论中第二个显著的特点——共同体。在共同体内部分配权力时，对阶级、政党和身份群体进行了区分：阶级是由经济决定的，主要根据其市场购买力进行分层；政党是由权力决定的，主要寻求一种统治职能；身份群体则是由文化分层（声望）决定的。③ 在韦伯的社会分层理论中，文化分层占有重要的位置，因为文化分层不仅形式复杂而且微妙，可以是经济分层和政治分层的基础，且二者有向文化分层转化的趋势。④ 更为重要的是，文化分层与大多数人实际上如何看待世界相关，文化分层是世界的实质。⑤ 与马克思的阶级社会分层理论的区别在于，韦伯从多个视角分析不同社会分层下的行动者与他人互动中所表现出来的差异。⑥

　　涂尔干的社会分层理论。劳动分工是涂尔干社会分层理论的基础。他认为是劳动分工加速了社会文明的进程、促进了两性在劳动分工中的区分。在他看来，分工的最大意义不仅在于提高社会生产效率，更在于它与激发社会功

---

① 刘祖云：《社会分层的若干理论问题新探》，《江汉论坛》2002 年第 9 期。

② ［美］兰德尔·柯林斯、迈克尔·马科夫斯基：《发现社会——西方社会学思想评述（第八版）》，李霞译，商务印书馆 2015 年版，第 191—196 页。

③ 陈鹏：《经典三大传统社会分层观比较——以"谁得到了什么"和"为什么得到"为分析视角》，《社会科学管理与评论》2011 年第 3 期。

④ ［美］兰德尔·柯林斯、迈克尔·马科夫斯基：《发现社会——西方社会学思想评述（第八版）》，李霞译，商务印书馆 2015 年版，第 197—201 页。

⑤ 刘群、孟永：《马克斯·韦伯的社会分层与文化》，《巢湖学院学报》2005 年第 1 期。

⑥ 张方旭：《对马克思和韦伯社会分层理论的比较》，《法制与社会》2011 年第 10 期上。

能紧密地结合起来,使社会成为可能。① 与马克思"阶级"分层理论不同,涂尔干的社会分层是基于劳动分工所带来的从业者以职业进行聚集与分离,"职业是造成社会分层的根本原因,从事同类职业的人们最有可能具有一致的意识和行动,所以他们能够形成阶层"②。涂尔干的社会分层理论中,比较了两种不同的社会类型——由分工形成的以机械连带为特征的前工业社会和以有机连带为特征的现代工业社会。前工业社会的机械团结导致外在的不平等,现代工业社会则出现内在的不平等。为了现代社会的各系统的正常运转、保障每个人的合法权益,有才能的人就应该位居能发挥他们才能的适合位置上,即基于个人才能的差异产生的不等是社会所需要的。③ 涂尔干的社会分层理论在弥合由分工导致的不平等,将所谓有能力的人统治社会视为必然,可以看作他本人对当时身处的法国社会秩序失范的一种回应,从某种角度看,是社会分层改变了社会结构。

随着社会向前发展,马克思经典著作中尖锐的阶级斗争被某些形式掩盖,社会学家在经典社会分层理论的基础上进一步向前发展,出现了以达伦多夫(Ralf Dahrendorf)、葛兰西(Antonio Gramsci)等人为代表的新马克思主义分层理论,以戈德索普等人为代表的新韦伯主义分层理论和新涂尔干主义分层理论等。还有的根据回答"出现社会分层的原因""社会分层的属性"等问题将社会分层理论分为冲突论下的社会分层理论、功能论下的社会分层理论和进化论下的社会分层理论。通过对社会分层理论的简要梳理可知,社会分层是一种社会发展中不可避免的现象,要利用它来发挥正面功能、降低负面影响。这将有利于人们客观地认识在教育领域出现的分层,以及教育分层(education stratification)对高等学校入学机会的影响。

① [法]涂尔干:《社会分工论》,渠东译,生活·读书·新知三联书店2000年版,第24页。
② 吴忠民:《社会学理论前沿》,中共中央党校出版社2015年版,第149页。
③ 李春玲等:《社会分层理论》,中国社会科学出版社2008年版,第53、55页。

（2）社会分层、教育分层和高等学校入学机会公平

教育分层的概念是由社会分层概念直接演变而来的，即社会成员因具有不同的教育程度，而对其社会地位、社会财富、权力、文化和职业进行再分配，使原有的阶级或阶层不断得到补充、再生，使新的阶级或阶层得以形成的过程。[①] 教育分层作为社会资源在教育领域不平等分配的结果，是教育利益既得者利用自身所处的社会阶层反作用于教育，以巩固和扩大自身阶层或自身所获教育利益。这是教育与社会分层关系的一个表现。如上所述，社会结构可以复制于教育制度上，教育也为社会流动和社会合理分层提供动力。[②]

在高等教育领域里，"尽管高等教育系统在扩张，但在获得精英式高等教育和职业产出的方面，阶层不平等并没有减少，分层的影响战胜了教育质量的均衡增长。数量的不同取代了教育获得质量的不平等"[③]。以我国高等学校入学机会为例，由社会分层导致的社会阶层对高等学校入学机会公平产生了影响，如郑若玲、谢作栩、王伟宜、唐卫民、姜育兄和文东茅等人的研究表明，社会分层影响了我国高等学校入学机会公平，即来自家庭经济条件优越、父母的职业有较高的社会声望、家庭处于较高的社会阶层的子女在获得高等学校入学机会上更具优势，他们在进入优质高校（如"985"和"211"高校）、热门专业的机会上更具竞争力。[④] 拉鲁（Lareau）和库恩（Kuhn）的研究分别说明社会分

① 顾明远：《教育大辞典（第六卷）》，上海教育出版社1992年版，第412页。

② 徐玮、董婷婷：《试论教育公平与社会分层》，《北京化工大学学报（社会科学版）》2008年第1期。

③ R.Arum,A.Gamoran,Y.Shavit, *More Inclusion than Diversion: Expansion, Differentiation and Market Structure in Higher Education*;Y.Shavit,R.Arum,A.Gamoran(Eds): *Stratification in Higher Education: A Contemporary Study*,Stanford University Press,2007,pp.1−35.

④ 郑若玲：《高等教育与社会关系——侧重分析高等教育与社会分层之互动》，《现代大学教育》2003年第2期；谢作栩、王伟宜：《高等教育大众化视野下我国社会各阶层子女高等教育入学机会差异的研究》，《教育学报》2006年第2期；唐卫民、姜育兄：《家庭收入对高等教育入学机会影响——以辽宁省六所不同类型院校为例》，《现代教育管理》2010年第7期；文东茅：《家庭背景对我国高等教育机会及毕业生就业的影响》，《北京大学教育评论》2005年第3期。

层带来的家庭背景的不同对子女的培养有重要的影响,上层社会甚至有意或无意地通过一些转化活动与下层社会区分。[①]

社会分层是一种历史的动态的结构和系统,它蕴含着社会流动的动态平衡。教育是促进个人或群体在社会分层中地位垂直流动的重要因素。因为教育资源的有限,所以通过考试的形式,提前进行社会筛选。[②] 这是高等教育发挥了选择的功能。高等教育对社会分层的重要影响,还表现在重点与非重点高校[③]的区别导致教育资源集聚程度的不同,接受正统教育成为一种身份象征[④]。在人力资源市场,受教育程度成为招聘单位用人的基本标准,教育地位作为争夺权力和特权斗争中的一种资源变得越来越重要。[⑤]

通过教育转变社会阶层的发展路径,一直以来得到社会公众的普遍认可,对受教育个体来说,这完成了个人的向上流动;对社会来说,促进了社会阶层的动态发展,促进了社会资源的流动,有利于社会资源的合理配置。于是,新形成的既得利益阶层为了巩固自身的阶层优势和既得利益,会动用个人或阶层的力量来阻碍社会流动,这样由新兴社会阶层形成的社会分层格局逐渐固化,由此进入下一个循环过程。所以说,社会分层和教育分层的结果都是历史产物,是在"建立—固化—打破公平机制"中循环往复、周而复始。教育分层是教育公正的指示器,教育分层的公正性、合理性直接影响社会的安全与稳

---

① Lareau A., "Invisible, Inequality: Social Class and Child-Rearing in Black Families and White Families", *American Sociological Review*, No. 67 (2002), pp. 747 – 776; Kuhn T., " The Social Stratification of European Schoolchildren's Transnational Experiences: A Cross-Country Analysis of the International Civics and Citizenship Study ", *European Sociological Review*, Vol. 32, No. 2 (2016), pp. 266–279.

② 周作宇:《教育、社会分层与社会流动》,《北京师范大学学报(人文社会科学版)》2001年第 5 期。

③ "重点大学""重点高校"是我国早期对高等学校分类的一种表述,现已不用。笔者将这一类高等学校表述为"优质高校",或根据研究需要使用"985"高校、"211"高校、"双一流"高校。引用相关文献时,如引用文献或相关政策中使用"重点""非重点",则保留原文的表述。

④ 廖益:《社会分层与高等教育的互动》,《现代大学教育》2005 年第 5 期。

⑤ [美]格尔哈特·伦斯基:《权力与特权、社会分层的理论》,关信平等译,浙江人民出版社 2018 年版,第 408 页。

定。合理的教育分层是教育获得可持续发展的前提和动力,也是实现教育公正的一个重要条件。① 高等教育——作为大部分社会弱势阶层改变自身不利境地的重要手段,起着举足轻重的作用,保证入学机会的公平是促进弱势阶层向上流动的关键一步。

2. 文化再生产理论

20 世纪六七十年代,在欧洲大众中学教育体系失败的背景下再生产理论兴起,该理论旨在争取更大的社会平等。再生产理论因社会学家出版的一系列著作而得名,如伯恩斯坦(Basil Bernstein)的阶级再生产理论、吉登斯(Anthony Giddens)的不平等再生产理论、威利斯(Paul Willis)的对抗文化再生产理论以及布尔迪厄(Pierre Boudieu)的文化再生产理论,其中有皮埃尔·布尔迪厄和克劳德·帕斯龙(Claude Passeron)的著作《继承人:大学生与文化》(2002)和《再生产:教育系统理论的要素》(1970)。再生产理论的出现,将研究的焦点逐渐转向教学关系、语言运用、家庭对于学习方式和成绩的潜在期望,以及"好"生与"差"生隐蔽模式的影响。② 这里以布尔迪厄的"文化再生产理论"为主要考察对象。

（1）文化资本

布尔迪厄的资本概念继承和发展了古典经济学和马克思关于资本的观点,其资本概念是丰富的物质资本,如文化资本、社会资本和象征资本等。他指出:"社会世界是一部积累的历史,如果不把它简化成行动者之间的瞬间机械平衡的不连续性系列,如果我们不把行动者仅仅看成可以互换的粒子的话,那么,我们必须把资本的概念和伴随这一概念的积累物及全部效应引入社会世界。"③

---

① 苏君阳:《公正与教育》,北京师范大学出版社 2008 年版,第 204—206 页。
② ［瑞典］T.胡森、［德］T.N.波斯尔斯韦特:《教育大百科全书(第 2 卷):教育人类学、教育哲学、教育社会学、女性与教育、教育史》,张斌贤等译,西南师范大学出版社、海南出版社 2006 年版,第 338—342 页。
③ ［法］P.布尔迪厄:《文化资本与社会炼金术》,包亚明译,上海人民出版社 1997 年版,第189 页。

所以理解文化资本必须与现实世界相联系,必须在一定的社会实践和场域中理解文化资本。他又指出:"资本是积累的劳动,当这种劳动在私人性即排他性的基础上被行动者或行动者小团体占有时,这种劳动使得他们能够以具体化的或活劳动的形式占有社会资源。"① 可见,资源转化成社会实践或场域中的资本必须通过一定的"程序"才能实现,在布尔迪厄的资本概念中,资源和资本不能等同。同样,文化资本成为资本之前必定要经过一定的转化程序。

文化资本是指世代相传的文化背景、知识、性情倾向与技能,此外,个体的语言能力、行为习惯,以及对书籍、音乐和美术作品的品位亦属之,特殊的情况下,文化资本可转化成经济资本。文化资本有三种状态:形体化状态、客观化状态和制度化状态。形体化状态的文化资本是个体在某一环境中耳濡目染后内化为自身的修养、教养;客观化状态的文化资本是以文化商品的形式存在,如书籍、字画、乐器等,不同阶层拥有的客观化文化资本形式不同,消费客观状态的文化资本的观念和行为也有差异;制度化形态的文化资本,通常表现为学历证书。①

在教育系统内,不同个人或群体通过对不同形态的文化资本的认知、评价和运用,一方面反映出个人或群体所在阶层的特征,使得文化资本具有对不同阶层的辨识功能。例如,"(在法国)占统治地位的阶级必然在文化资本上占据绝对优势,这样的文化豪门的子女自小习得的文化与学校所要教授的内容一致,他们可能通过诸如去雅典实地观看帕特农神庙了解希腊历史、通过参加音乐会等形式了解音乐知识的方式获得学校讲授的知识;小资产阶级儿童对学校价值最强烈地认可,他们要想获得(统治阶级的)风格、兴趣、才智这些技能和礼仪规则,必须要付出很大的代价;而工人阶级的子女要想获得上层社会的身份,必须要先摆脱自身所从属的文化,然后再学习

---

① 陈珊华:《P.Bourdieu:强调文化再制的批判取向社会学者》,载谭光鼎等主编:《教育社会学:人物与思想》,华东师范大学出版社 2013 年版,第 394—395 页。

学校所教授的上层文化"①。另一方面,家庭文化资本的占有情况在一定程度上影响了教育机会的满足程度,尤其是在高等学校入学机会上。如谢作栩、王伟宜利用辈出率②和描述统计方法得出,辈出率随父亲受教育程度的提高上升——父亲受教育程度为小学及以下的,其子女上大学的入学机会仅是平均数的1/3多(辈出率为0.33);父亲受教育程度是初中的,辈出率也小于1;而父亲受教育程度是高中或中专、大专及以上的,辈出率则高达2.63和3.55。当父亲受教育程度为大专及以上时,辈出率在各类高校中的差异却较大。最高的是部属重点高校的5.58,而最低的是公立高职院校的1.97,高低辈出率间相差2.8倍。对此他们认为,父母拥有的精英文化传递给子女转化为其天资或学习的能力,父母的精英文化资源也影响子女的高等学校入学机会。越是精英文化,其代际传递性越强,子女有更多的机会就读于较高层次的高校。③ 又如,赵叶珠和谌红桃、杨振华的研究中都提到家庭文化氛围对子女的高等学校入学机会实现的影响,父母接受教育程度越高,家庭文化氛围对子女产生影响越大,父母对教育的期望及对子女教育方法和学习的管理都会影响子女高等学校入学机会。④

与文化资本并列的还有两个非常重要的资本——经济资本和社会资本。经济资本可以以金钱衡量并可以转化为金钱的物质形式;社会资本是一种基于人际网络的资源。⑤ 文化资本作为个人拥有的一项重要资本形式,只有联

① 朱国华:《文化再生产与社会再生产:图绘布迪厄教育社会学》,《华东师范大学学报(哲学社会科学版)》2015年第5期。
② 辈出率是指某一社会阶层子女在大学生中的比例与该阶层人口在整个社会人口中所占比例之比。辈出率为1时,说明各阶层子女教育机会平等;大于或小于1时,均说明各阶层子女教育机会不平等。
③ 谢作栩、王伟宜:《高等教育大众化视野下我国社会各阶层子女高等教育入学机会差异的研究》,《教育学报》2006年第2期。
④ 赵叶珠:《家庭背景对高等教育入学机会的影响》,《青年研究》2000年第3期;谌红桃、杨振华:《父母教育背景对子女高等教育入学机会的影响:城乡对比》,《南京林业大学学报(人文社会科学版)》2009年第3期。
⑤ 陈珊华:《P.Bourdieu:强调文化再制的批判取向社会学者》,载谭光鼎等主编:《教育社会学:人物与思想》,华东师范大学出版社2013年版,第393—395页。

合经济资本和社会资本,才能最大化地发挥个人资本的效用。"文化资本的经济收益和社会收益在许多情况下都依赖于社会资本或者经济资本,因为对于文化资本支配下的社会身份来说,文化资本是一张双面证书,只有社会资本才能够使它的价值显示出来"[1],"学业称号实际上从来就不足以独立在经济场域中为人们确保一条抵达霸权位置的通道"[2]。

（2）文化再生产

在布尔迪厄的文化再生产理论中,"场域""惯习"和"资本"是贯穿、完成文化再生产过程的核心概念。场域是一个网络或位置间的客观状态;惯习,又译为习性,是一种既成的结构,在功能上,可成为一种开展的结构,能够增加组织、再现,并自然地进行各类行动作为,习性是过去历史的整合,来自家庭、团体与阶级。[3] 场域可视为地位结构的空间,而其地位与彼此的关系决定各种资本或资源的分配,场域是个斗争的场所,涉入其中的行动主体均试图维系或变更资本的分配形式。[4] 在场域中的个体或群体通过强化或改变自身的惯习,以巩固或获取更多的资本。

布尔迪厄将教育行动视为一种符号暴力,教育系统的文化再生产是通过教育行动、教育权威、教育任务和教育系统四个关系的互动完成的。在《再生产:一种教育系统理论的要点》一书中,布尔迪厄对这四个关系在文化再生产中的作用进行了阐释:"教育行动强加一种文化专断的专断权力。它以集团或阶级之间的权力关系为基础,由于教育行动符合在权力关系中处于不同地位的集团或阶级的物质和符号利益,它们总是有助于这些集团或阶级之间文

---

① 宫留记:《资本:社会实践工具——布尔迪厄的资本理论》,河南大学出版社 2010 年版,第 277—278 页。

② ［法］P.布尔迪厄:《国家精英——名牌大学与群体精神》,杨亚平译,商务印书馆 2005 年版,第 502 页。

③ 陈珊华:《P.Bourdieu:强调文化再制的批判取向社会学者》,载谭光鼎等主编:《教育社会学:人物与思想》,华东师范大学出版社 2013 年版,第 393—396 页。

④ 邱天助:《布尔迪厄的文化再制理论》,桂冠图书股份有限公司 2002 年版,第 122 页。

化资本分配结构的再生产,从而也有助于社会结构的再生产。教育权威是一种表现为以合法强加的权利形式实施符号暴力的权力。因为有合法加持,正统的教育行动自然具有权威性,所以教育行动灌输的文化专断理所当然地被认为是合法文化。教育工作的任务是持续不断地强加和灌输经由统治集团或阶级认可专断的文化。教育工作的特点是将教育系统中的个人原来的惯习消除,从零开始生成新的惯习。教育系统为教育者提供教育工具用来保证教育行动的一致性和正统化"①,教育系统通过系统的生产与再生产本身存在的条件,借由文化再生产的完成,才能促成社会再生产。② 可见,在布尔迪厄的观察中,学校教育灌输的文化专断因为与统治集团或阶级的利益相符而成为合法存在,学校教育是以一种"遗传"方式生产和再生产社会不平等,并使此类不平等正当化和永久化的重要手段。③

布尔迪厄认为,教育系统进行的文化再生产是一个持续且隐蔽的活动,甚至是在教育公平的外衣下复制社会不平等。布尔迪厄的文化资本和文化再生产理论与法国教育系统现象的结合,不禁引发人们的思考:学校传授的知识反映的是符合哪一个阶层的价值观? 这种知识是否具有排他性? 培养目标是使学生的思维观念、行为举止符合哪一个社会阶层的惯习呢? 学校场域中教师对学生的评价依据是什么? 考试的内容真的是公平的吗? 教育机会,特别是高等学校入学机会真的是公平的吗?"通过构建开放的办学制度,在课程设置和专业出路安排中套用社会出身等级制度的同时,强化机会均等,巧妙地将学校的再生产功能伪装起来,使它的这种功能得到扩张"④。学校将优势阶层

---

① [法]P.布尔迪厄、J.-C.帕斯隆:《再生产:一种教育系统理论的要点》,刑克超译,商务印书馆2002年版,第18—19、31、41、54页。

② 陈珊华:《P.Bourdieu:强调文化再制的批判取向社会学者》,载谭光鼎等主编:《教育社会学:人物与思想》,华东师范大学出版社2013年版,第393—396页。

③ 朱伟钰:《同济社会学评论·社会理论卷》,社会科学文献出版社2014年版,第77页。

④ [法]让·克洛德·帕塞隆:《社会文化再生产的理论》,邓一琳等译,《国际社会科学杂志(中文版)》1987年第4期。

的文化作为教育内容,实际上对弱势阶层的子女实施了符号暴力。在布尔迪厄的理论体系中,处于弱势阶层的子女因为对教育权威的认可而成为学校教育行为的服从者。① 更容易被人们忽略的是,作为教育行为的执行者——学校和教师在从事教育活动、评价学生时的身份代表性。在布尔迪厄和帕斯龙看来,学校并不是通过故意的操纵活动或通过教师的绝对反民主观念而再生产社会不平等的,而是通过认真履行它们所擅长的职责而导致社会不平等的再生产。② 如果排除学校在整个社会系统中的非独立性,导致学校必须服从于社会系统运行的规则,仍对教师评价学生的客观性持保留态度。教师对学生的评价依据学业表现、个人行为等,在实际评价的过程中,教师个人所持的阶层身份、对优势阶层文化的认同以及在学校场域形成的"惯习",使得教师将代表优势阶层的文化惯习视为"正常",由此可能影响对非优势阶层学生表现评价的客观程度。学校传授的知识对优势阶层的学生来说"司空见惯",而对于非优势阶层的学生来说,可能存在接受和掌握的困难。加之文化惯习上的冲突,不是每个教师都愿意花时间、俯下身去了解那些非优势阶层学生的成长环境或经历。③

又比如考试作为一种选拔的工具,在布尔迪厄看来,已经不仅仅是选拔人才的工具,更是制造社会分层的手段。考试所保证的表面平等只是把特权转化成了成绩、把社会等级变为学校等级,从而使社会等级在学校里再生产。因为资本占有存在不平等必然导致社会竞争先天不平等,学校将来自不同家庭的学生一视同仁,从而默认了家庭传承的不平等文化资本的合法性。④ 布尔

---

① 陈彬莉:《教育:地位生产机制,还是再生产机制——教育与社会分层关系的理论述评》,《社会科学辑刊》2007年第2期。

② ［瑞典］T.胡森、［德］T.N.波斯尔斯韦特:《教育大百科全书(第2卷):教育人类学、教育哲学、教育社会学、女性与教育、教育史》,张斌贤等译,西南师范大学出版社、海南出版社2006年版,第340页。

③ Ladson-Billings G.,"It's Not the Culture of Poverty, It's the Poverty of Culture:The Problem with Teacher Education", *Anthropology and Education Quarterly*, Vol.37, No.2(2006), pp.104—109.

④ 宫留记:《资本:社会实践工具——布尔迪厄的资本理论》,河南大学出版社2010年版,第279、281、284—285页。

迪厄的文化资本和文化再生产理论也帮助研究者理解费孝通先生在《文字下乡》中提到的乡下人听见汽车鸣笛时的恐慌，乡下学生认字不如教授的孩子，而教授的孩子在田里抓蚱蜢比不过乡下孩子，下乡推广文字的工作者说乡下人愚的事例。

尽管学界对布尔迪厄的文化资本和文化再生产理论存在质疑，布尔迪厄的理论突出强调了文化资本的影响而弱化了其他资本的影响。然而，布尔迪厄的文化资本概念和文化再生产理论，为解释高等学校入学机会获得方面出现的阶层差异、资本差异提供了理论基础，对考试的功能有了更加深入的理解。布尔迪厄的理论脱离不了社会阶层这一重要概念，同样地，在讨论学校文化再生产的问题时也必须联系社会阶层的背景因素。布尔迪厄的理论对法国高等教育体系进行了深入的剖析，不再认为学校是社会平等的维护者，而是社会不平等的拥护者。在谈到符号暴力时，他结合法国的传统高等教育，认为随着高等教育的扩张，高等学校的文化再生产能力可能出现短暂的失调。非优势阶层家庭希冀子女通过接受高等教育完成个体向上流动的美好愿望要破灭，因为高等教育的扩张并不能从根本上改变阶层的固化及学校的"天然属性"，只能带来膨胀。[①] 在分析教育问题时，也要冷静地考察我国高等教育体系和考试招生制度，采取有效的措施防止高等教育场域的异化。

3. 理性选择理论

理性选择理论，是社会学家用于解释社会现象的一个重要的社会理论。诚然，理性选择是经济学研究的核心目标，理性选择理论是经济学的核心内容。正是围绕这个核心，经济学建立了关于经济行为、开展经济行为的条件，以及人们在开展经济行为时的组织形式、制度关系和效益模式等十分丰富的理论。[②]

---

① 陈珊华：《P.Bourdieu：强调文化再制的批判取向社会学者》，载谭光鼎等主编：《教育社会学：人物与思想》，华东师范大学出版社 2013 年版，第 404 页。

② 刘少杰等：《社会学理性选择理论研究》，中国人民大学出版社 2012 年版，第 6 页。

（1）社会学理性选择理论

早在 20 世纪初期，作为社会学奠基人之一的韦伯曾主张基于社会学解释明确阐释理性行动的重要性。直到 20 世纪末，关于社会学的理性选择方法才开始显现。有趣的是，一些社会学理论贡献证明社会学发展理性选择的重要性，但这些理论贡献本身并不是基于理性选择假设，如霍曼斯（George Homans）用经济学中经济人的理性原则分析小群体中人们的交换行为。尽管霍曼斯本人没有意识到他对理性选择理论进入社会学视野作出的贡献，但科尔曼对他的评价是为社会理性选择理论铺平了道路。[①] 1989 年《理性与社会》期刊出版和 1990 年国际社会学协会理性选择研究分会诞生，标志着理性选择理论开始完全进入运用阶段。[②] 围绕理性选择这个理论内核，社会学领域形成了不同的理论派别，如霍曼斯的小群体交换理论、格兰诺维特的网络结构理论和科尔曼的系统内部分析理论等。

科尔曼作为大家熟悉的社会学家，在其写作生涯的后 30 年里，致力于推动社会理性选择理论，是社会理性选择理论中的重量级人物之一。他在其著作《社会理论的基础》（1990）中用理性选择范式研究传统的社会学问题，受到社会学家默顿的好评。科尔曼的理性选择理论规避了微观理论和宏观理论割裂的研究风险，同时借鉴了经济学中均衡分析和理性选择的模型等，[③]为社会学的理性选择研究拓展了一条明确的研究道路。科尔曼自己称社会学的理性选择理论为"社会学的经济研究方法"[④]，同大多数研究理性选择的社会学家一样，科尔曼一直强调理性选择理论要解释的不是个体行动者的行为，而是聚

---

① Hedstrom P., Stern C., "Rational Choice and Sociology"，2018 年 11 月 2 日，见 http://www.nuff.ox.ac.uk/users/hedstrom/rct.pdf。

② 文军:《西方社会学理论:经典传统与当代转向》，上海人民出版社 2006 年版，第 219 页。

③ 周鸿:《科尔曼理性选择理论简析》，《广西师范学院学报（哲学社会科学版）》2003 年第 3 期。

④ Marsden P. V., "The Sociology of James S. Coleman", *Annual Review of Sociology*, No. 31 (2005), pp.1–24.

焦于解释宏观层面的或整体的结果,如显现的规范、分离的模式或者集体行动的变体形式等。[2]

(2)教育决策:理性行动理论

理性选择理论的出现,为社会学和经济学的交叉发展带来了机遇。该理论可以帮助人们从个体微观层面出发,用理性人的逻辑解释个体作出教育决策的行为,也拓宽了教育公平问题的思路。关于理性选择理论与个体(群体)的教育获得之间的关系的研究者中,英国社会学家戈德索普(John H.Goldthorpe)是集大成者,他与同伴在前人研究的基础上发展了一个基于数学模型的、有关教育决策的理论——理性行动理论。

布里(Richard Bree)和戈德索普于 1996 年发表 *Explaining Educational Differentials:Towards A Formal Rational Action Theory*[1],在文中详细介绍了理性行动理论:第一,理性行动理论的出现是试图为教育发展出现"增长的教育参与率、在增长率中不怎么变化的阶层差异和当前出现在教育获得不同水平上的性别差异"的现象提供一种解释。他们研究的对象是两对关系,即教育获得与阶层差异的关系和教育获得与性别差异的关系。第二,理性行动理论提出了四个假设:(1)在教育获得方面阶层的不同是通过两种不同的影响作用产生的。他们在布东(Raymond Boudon,1974)的研究基础上进行了修改和完善,将这两种作用定义为首要效应(primary effects)和次要效应(second effects)[2]。(2)教育选择的模式反映了学生及其家庭部分的行动,这可以理解为理性行动,例如他们评估可能改变的成本和收益的组成——如离开或待

---

① 作者注:关于理性行动理论内容论述,除特别注解,均来自对该文的解读,文中的大部分篇幅都是结合他们提出的数学模型,对阶层差异与教育获得关系和性别与教育获得关系进行了论证,笔者将对阶层与教育获得关系进行论述。

② 首要效应是指学生的阶层出身和他们的学业能力的平均水平。包括基因、心理和文化等方面的因素。优势阶层家庭的学生在测试或考试中的表现普遍好于非优势家庭的学生。次要效应在戈德索普和布里看来是至关重要的,表现为在教育系统中学生及其家长的教育选择。次要效应会扩大教育获得的阶层差异。

在学校、选学术型或职业型的课程——可能的教育结果(成功或失败),这些评估结果反过来将因类似的限制和机会的不同而受到限制。这些限制和机会是处于不同阶层位置的学生及其家庭所拥有的资源水平的限制。(3)存在一个阶层结构。这个结构中的位置与劳动力市场和生产单位有关。(4)假设有一个教育系统,这套教育机构为各个阶段的学生提供各种选择。这种选择既可以提供教育机会,也可以提供教育类型。[①] 第三,依据上面的假设,可以得出三种教育结果(继续读书且通过考试、继续读书但没有通过考试和离开学校参加工作)及学生及其家庭作出教育选择的三个考虑因素(继续上学的教育成本、获得教育成功的概率和对三种教育结果的评估比较)。学生选择继续读书并通过考试获得教育成功使得本人向上进行社会流动的概率增加。[②]第四,提出三种解释机制,通过这个阶层在教育获得方面的不同可能引起在一定水平的次要效应。(1)规避相对风险机制(relative risk aversion),即学生家长避免子女向下流动,至少避免使子女今后的人生处于比他们原本的出身更不利的阶层。无论从事服务行业还是产业工人的父母都会采取理想的规避相对风险的教育策略,使他们的子女在本阶层占据一定位置的机会最大。(2)能力和成功预期的差别机制(differences in ability and expectations of success)。表面上继续求学的通路对所有学生都是开放的,而实际上只有满足一定标准的学生才能进入这个通路。一名学生如果选择继续求学,他的学业水平必须超过某种门槛限制。在学习能力的表现上,首要效应中涉及的优势阶层的子女明显好于其他阶层的子女。即使能力相当,优势阶层的子女在竞争中所占的份额也会超过产业工人阶层。(3)资源差别机制(differences in resources)。在一个阶层结构中家庭资源全部贡献于子女的教育。服务阶层的家庭比产业工人家庭占有的资源更多,且在每一个阶层资源的离散状态相同。布里和戈

---

① Breen R.,Goldthorpe John H.,"Explaining Educational Differentials:Towards a Formal Rational Action Theory",*Rationality & Society*,Vol.9,No.3(1997),pp.275-305.

② 王伟宜:《高等教育入学机会变迁研究》,清华大学出版社 2015 年版,第 9 页。

德索普认为,对选择继续留在学校里的学生来说,三种机制共同作用会增加阶层差异的占比。这三种机制,通过这个阶层在教育获得方面的不同可能引起一定水平的次要效应。他们特别强调规避相对风险机制的重要性,因为它提供了一个解释这些不同如何产生和通过表现出的由那些弱势阶层制造出来的"自由"选择得以持续。能力和成功期望的差异机制和资源差异机制可以理解为加重了源自初始资源的选择模式的差异性。①

布里和戈德索普通过自建的数学模型对性别差异与教育获得的差异进行了证明,随着在教育参与和教育获得中性别差异的减少,阶层差异在女性中将增加,从一个原本很低的状态增加到接近男性中阶层差异的水平,即使阶层差异在同性中普遍减少,但在女性中的减少程度不如男性。①

理性行动理论为理解学生及其家庭进行教育选择时采取的行动提供了一种更为具体的解释。理性行动理论弥补了马克思主义和自由主义在解释阶层问题的不足,以及已有的社会理性选择理论对"阶层与教育获得关系"的解释的不足。它聚焦于行动者在追求他们目标的过程中,如何选择特别的行动手段。假设在选择的过程中,行动者有自己的目标、对他们的处境有一定的理解、具备一定知识和能力,可以对选择的可能后果进行一定的成本—收益的评估等。② 在戈德索普看来,教育决策的理性行动理论还是众多理性选择理论体系中一个相当不成熟的理论,尽管如此,还是对后来的研究有很大的推动作用。如尼德(Ariana Need)和容(Uulkje de Jong)应用理性行动理论对荷兰的教育情况进行了研究,并在该理论基础上提出了自己的假设并加以验证。与布里和戈德索普等人提出的三种解释机制和结论有所不同。他们的研究表明,在荷兰,(1)父母学历高的男生的平均成绩点数(Grade Point Average,

① Breen R. , Goldthorpe J.H. , "Explaining Educational Differentials: Towards a Formal Rational Action Theory", *Rationality & Society*, Vol.9, No.3(1997), pp.275-305.

② Goldthorpe J.H. , "Class Analysis and the Reorientation of Class Theory: the Case of Persisting Differentials in Educational Attainment", *The British Journal of Sociology*, Vol.61, No.1(2010), pp.311-335.

GPA)高于父母学历低的男生,男生对未来学业成就的预期乐观程度高于女生。他们指出,比起过去的表现,还有更多的因素影响了人们的预期,而布里和戈德索普的理论没能对这些不寻常的发现提供解释。(2)父母的收入影响子女选择继续学习的类型——职业教育还是学术教育——而非继续求学还是停止学业。(3)父母的教育比主观能力在教育激发中的作用更大。教育激发更像是对教育获得中阶层差异的回应。①

　　社会理性选择理论作为社会学领域一颗新星,一经出现便引起了学界的关注。赫克托(Michael Hechter)和金泽(Satoshi Kanazawa)系统分析了理性选择理论:(1)总结了对社会理性选择理论的质疑。首先是在假设(计算个体选择的预期的结果,并从中选择最好的)中缺少实际性,即该理论没有解释一个理性的人在特殊的境况将做什么;其次是动机假设。(2)对社会理性选择理论关于个人行动模式进行了分类。可能最重要的分化版本是关于个人行动的"窄"(thin models)和"宽"模式(thick models)。窄模式不关注特殊的个人追求的价值(或目标),依据窄模式的理性选择理论是高度普遍的。宽模式,由韦伯提倡,研究的内容相当丰富。此模式详细说明了个人存在的价值和信念。假设个人寻求可交换私有物品,如财富、可论证的、权力或特权质量的最大化。布里和戈德索普提出的教育决策行动理论,符合宽模式。(3)列举了社会理性选择理论的适用范围。②也有哈彻(Richard Hatcher)认为理性行动理论在解释阶层差异在教育方面的作用有限。他认为"理性选择"在教育转化中扮演了重要的角色,但它既不必要也不充分。因为在信息不充分或不准确的情况下,学生及其家长对教育选择结果是不可避免的"非理性",理性行动理论中的目标不能窄化为功利主义标志。另外,他认为理性行动理论无法很好地解

---

① Need A., Uulkje de Jong, et al., "Educational Differentials in the Netherlands", *Rational & Society*, Vol.13, No.1(2001), pp.71–98.

② Hechter M., Kanazawa S., "Sociological Rational Choice Theory", *Annual Review of Sociology*, Vol.23(1997), pp.191–214.

释在儿童和青年教育机构中文化元素这一非常明显的迹象。理性行动理论不应只将目光聚集于学生,还应该包含与之相联系的因素,如教师、社会结构、文化等。[①] 也有学者在理性行动理论的基础上,进一步研究影响教育获得的因素,如汉森(Marianne N.Hansen)认为理性行动理论产生了一种预期,即在经济不平等的水平和经济不安全的变化下,应该反映教育获得的水平的不平等。教育获得不平等建立在第一次选择后的结果是因为其后阶段的不平等。不平等的水平在第一次教育转化对整个教育生涯产生了很大的不平等的影响。父母的经济资源与学历水平对子女的教育获得产生重要的影响。[②]

无论是社会理性选择理论,还是社会理性行动理论,可能因为一个词语("选择"和"行动")的差别带来不同的理论见解。戈德索普本人承认,尽管有很多社会学家试图让更多的同事接受和熟悉理性选择理论,但他自己更愿意称之为"社会理性行动理论"。[③] 笔者将更多的目光集中在理性行动理论上,尽管理论内容和主导的实证研究方法存在争议,但这也从侧面说明理性行动理论仍有深入研究的学术意义。我国学者对以戈德索普为代表的理性行动理论的关注程度远远不及社会理性选择理论。以戈德索普等人为代表的理性行动理论带给学界对阶层和教育获得关系的思考,使得学者们对其中暗含的关于教育公平的认识更加全面——除了阶层差异对学生教育获得的影响之外,学生的学习能力、学生及其家庭对成功的预期也纳入了考察的范围。遗憾的是,虽然理性行动理论提出了用"资源差别机制"解释不同阶层的家庭占有资源不同导致学生学业获得的不同,却没有对"资源"进行更进一步的说明。此外,基于理性行动理论,学生作出的教育决策或者学生学业获取的结果,不

---

① Hatcher R., "Class Differentiation in Education:Rational Choices?", *British Journal of Sociology of Education*, Vol.19, No.1(1998), pp.5-24.

② Hansen M.N., "Rational Action Theory and Educational Attainment:Changes in the Impact of Economic Resources", *European Sociological Review*, Vol.24, No.1(2008), pp.1-17.

③ Goldthorpe J.H., "Rational Action Theory for Sociology", *The British Journal of Sociology*, Vol.49, No.2(1998), pp.167-192.

单单受自身及家庭因素的影响,社会阶层对学生教育获得的影响,已经超越了社会阶层本身的含义,它背后涵盖的因素使得学生在求学道路上充满了"先天不公平"。

4. 两个假设:高等学校入学机会获得与家庭背景①的关系

社会身份对教育机会获得作用在研究"教育公平"的主题下一直占据着重要的位置。1993 年拉夫特里(Adrian E.Raftery)和豪特(Micheal Hout)提出的最大化维持不平等假设(Maximally Maintained Inequality,MMI),以及后来者S.卢卡斯(Samuel R.Lucas)提出的有限维持不平等假设(Effectively Maintained Inequality,EMI)便是其中两个著名的假设。

(1)最大化维持不平等

最大化维持不平等假设是拉夫特里和豪特在研究爱尔兰共和国从 1921年到 1975 年长达半个多世纪的教育变化后于 1993 年提出来的,意在描述教育扩张背景下教育机会和阶层的关系。

第一,关于研究背景——爱尔兰的教育系统。拉夫特里和豪特提出的MMI 理论是基于当时爱尔兰的教育背景展开的。

①关于教育转化。爱尔兰共和国在 1959 年前毕业的学生法定入学年龄是 6 岁,以后提前到了 5 岁,20 世纪 80 年代还有 4 岁入学的。小学生毕业时的年龄是 12—14 岁。小学毕业之后的去向有三种:毕业直接走向社会、升入中学里开设的学术项目以及去职业学校接受技能培训和通识课程。在 1966年以前,尽管升入中学需要参加由私人学校组织的入学考试——考试竞争,但标准非常低。真正影响学生获得学习机会的一是机会成本的损失——没有工作而带来的工资损失,二是中学地域分布不均。虽然学生克服种种障碍升入中学,但仍存在失学的危险——有的学生无法通过在不同的年级段设置的考

---

① 关于家庭所处阶层(social class)、家庭所拥有的文化资本(cultural capital)、父母的社会身份(social origin)及家庭的社会经济背景(socioeconomic)等对高等教育入学机会的影响,均是以家庭背景为单位开展的,所以笔者用"家庭背景"作为这些因素的集合。

试,有的即使通过考试却没有足够多的升学的教育机会。

②关于教育系统及1967年教育改革。爱尔兰共和国的教育系统由小学、中学和职业学校组成。除职业学校全部由政府管理和资助外,小学和中学主要由有教会色彩的机构负责学校管理、政府负责课程的设置和教师的工资。尽管爱尔兰共和国的收入水平在欧洲国家是最低的,但它的教育系统却高度发达,这是因为爱尔兰的教育运行成本节约、来自教会的捐款多、较少的非实验学科课程设置;它的教育参与率比其他富裕的欧洲国家要高,是因为其非功利性的教育目标和将女性教育与男性教育置于同等重要的位置。1920年,独立后的爱尔兰政府建立了一整套的教育体制,内容包含学校管理和监督、教师注册及工资和管理保障、考试认证制度等。直到20世纪60年代才开始改革。1967年教育改革,是由经济领域的变化而引起的,意在强调整体增加中学的入学机会、减少在入学机会方面阶层的不平等。

第二,关于研究发现——现象及解释。

①在完成教育的趋势下,不平衡的增长跨越了原初阶层。对照参数,爱尔兰的后基础教育更倾向于学术发展。爱尔兰在北爱尔兰地区扩张性的中学教育,使得对学术发展的作用胜过对职业技术教育发展的影响。他们提供了几种有待验证的解释:如选择性移民、较低阶层的教育分配的变化多于较高阶层、高等教育的扩张速度不如中学教育的扩张速度快。

②关于教育转化率的趋势,出身和所属的阶层(群体)对教育转化方面的影响比其他方面的影响要强烈。爱尔兰教育中最显著的变化是中学教育转化率的增加。身份的教育维度的作用在中学转化方面最强,在完成中级水平上较弱,在高等教育转化方面没有明显作用。少数劳动阶层的"幸存者"能够接受高等教育,表明他们已经克服了阶层的障碍,这些障碍是大多数同龄人无法逾越的。当他们进入高等教育体系,所面临的障碍已经不同于面对较低层次教育时的障碍了。爱尔兰中级学校在第二次世界大战后的扩张影响阶层变化,不是因为社会阶层停止影响了中学阶段的入学,而是因为整个过程的选择

性变得更少。

③提出了最大化维持不平等,即如果社会身份和教育转化从一个阶层群体到另一阶层群体的转化率和机会比率保持一致,除非他们被迫增加录取名额才会发生变化。这个假设的应用条件是较高的社会阶层与较高的教育转化率相联系、整体的教育参与率没有下降和职业结构有利于具有较高的社会声望或较高身份特征的职业。拉夫特里和豪特试图用理性选择理论来提出他们的假设:学生及家庭对继续接受教育和直接工作进行经济方面的成本—收益分析——如果继续上学的收益明显高于不工作带来的损失,那么会选择继续上学。父辈接受较多的教育,则会正面影响子女对教育也持有较高的价值认同;学生的能力和品位也会影响学生在同龄人中的表现,边际效用同收入一样,会以逐渐降低的比率增加。

④扩张的学校容易忽略筛选在中学中的作用,即尽管教育系统整体上进行了扩张,但那些拥有最好资源和优先权进入高校的中学教育机会并没有增加。爱尔兰全国统一的课程默认所有中学的学生同时学习的课程一样,社会身份在获得高等教育方面没有作用。他们也否认在社会阶层方面精英和平等之间存在的关系。结果平等增加是因为筛选本身的消失并提出了政策建议,减少中学到高等教育之间的筛选机制、丰富政府资助学生的项目等。①

拉夫特里和豪特提出的最大化维持不平等假设,是对爱尔兰教育系统在划定年代后入学机会的一种描述,他们运用理性选择理论和文化资本(父辈受教育程度)等理论进行的解释,为后来者提供了一种选择,并再一次将社会阶层、资本和高等学校入学机会联系在一起。

(2)有效维持不平等假设

2001年,加利福尼亚大学伯克利分校学者卢卡斯在前人的研究成果及对美国教育研究的基础上,提出了有效维持不平等假设。

① Raftery A. E., Hout M., "Maximally Maintained Inequality: Expansion, Reform, and Opportunity in Irish Education", *Sociology of Education*, Vol.66, No.1(1993), pp.41-62.

首先,关于研究背景。卢卡斯(Samuel Lucal)提出的有效维持不平等假设,是在前人对教育获得研究的基础上提出的。在 *Effectively Maintained Inequality*:*Education Transitions*,*Track Mobility*,*and Social Background Effects* 一文中,他的靶心主要是生命周期理论(the life course perspective,LCP)和最大化维持不平等假设。二者分别代表了以人种志研究和统计分析为主要研究方法的教育分流研究,以及视教育获得为一系列完成教育转化的研究,使用两种不同的理论来研究教育获得。卢卡斯的研究尝试将二者进行融合:将辍学作为学生在学习过程中可能面临的一个选择;强调将不断提升的质疑作为教育转化分析的价值;对教育获得的事实提供一个全面的解释,这个解释即为"有效维持不平等假设"。

其次,关于研究内容。卢卡斯认为,关于教育转化和教育分流所作的研究在对解释与社会身份有关的教育现象时非常重要,二者虽然在研究上相互独立,但实际上有很多的交叉甚至是相互印证的方面,[①]有效维持不平等假设弥合了二者之间的鸿沟。以生命周期理论和最大维持不平等假设为例,二者都注意到社会背景(主要是父母的影响)对子女教育获得的影响。如在逻辑模型的基础上,这两种理论对衰减系数模式的解释:生命周期理论认为子女与父母之间关系的变化可能根植于这个模式,最大化维持不平等假设则认为是社会背景的作用。二者关键的区别在于生命周期理论认为子女随着年龄的增长越来越独立、对父母的依赖程度越来越低。最大化维持不平等假设则暗示青少年的独立性本身依赖于社会政治背景和来自特殊阶段的教育的社会支持的结果。卢卡斯列举了美国教育分流的历史,提出教育分流已经成为教育转化过程中一个重要的部分,社会背景必然对学生分流位置产生重要影响。可见教育分流与教育转化在教育活动中无法做到完全独立。社会学家已经明确提出了社会背景变得重要的两种方式——优势阶层的家长代表个人和所在阶层

---

① 王伟宜:《高等教育入学机会变迁研究》,清华大学出版社 2015 年版,第 13 页。

会维护整体的教育分流,确保子女在学校分流结构中获得最佳位置;据有关文献记载,围绕分流与否的教育决策产生的阶层冲突中,社会经济地位处于优势的家长经常致力于维护教育分流活动。社会背景对个人地位产生影响——弱势阶层的家庭对子女的学业成就只能表示祝贺,而优势阶层的家庭不仅能为子女的学业成就表示祝贺,而且还能以"教练"的身份指导子女的学习,帮助他们顺利进入大学。

有效维持不平等假设与生命周期理论的显著区别在于,生命周期理论强调的是子女与其父母的关系以及伴随着子女成长这种关系的变化。有效维持不平等假设认为,只要父母的身份特征是学生的身份特征,优势阶层的子女将在此基础上获得在质量和数量上的优势位置。而且一旦父母的身份特征确定由子女自身的身份特征所替代,成人后的子女也会像他们的父母一样服务于他们的子女。有效维持不平等假设认为,除了普遍得到认可的家庭的社会经济地位帮助子女获得学业上的成就和进入高校之外,父母的社会身份特征还具有传递性和更新能力,在后代学习和获得更高一级教育机会上的作用是相同的。

有效维持不平等假设与最大化维持不平等假设虽然都强调家庭之间的阶层竞争,但二者的分歧在于当某一阶段教育成为普遍教育后,最大化维持不平等假设认为关于教育机会的竞争将为零,而有效维持不平等假设则认为教育机会的竞争转向教育获得类型方面。某种程度上,最大化维持不平等假设认为与家庭背景相关的不平等的最大值实际上等于零,有效维持不平等假设认为对于相同阶段的不平等的最大值不但非零而且作用非凡,与家庭背景相关的不平等将成为结果。最大化维持不平等假设和有效维持不平等假设的作用在于只是解释了"当某一阶段的教育机会有限的情况下,社会背景的作用是非凡的",而不能解释学校教育的各个方面。

卢卡斯提出的有效维持不平等假设,通过对生命周期理论和最大化维持不平等假设的论述,使得自身观点更加鲜明。家庭背景在子女学业成就上的作用是有效维持不平等假设研究的问题之一,在前人研究的基础上,它将解释的范围进一步扩展,提出在一定条件下,家庭背景对子女获得高等教育类型也产生影响,不仅如此,研究的教育阶段从高等教育下移至高中阶段。除了家庭社会背景,课程分层也是造成教育机会不平等的因素之一。卢卡斯认为,在高中阶段,社会背景显得重要的原因在于对子女获得教育类型的作用,而非完成高中教育。当所有位置都平等了,社会背景无法"分配"更好或更糟的教育处境给个人。因此高中阶段发生阶层冲突将扮演不同的角色,既要试图为了子女获得优越的教育位置,又要确保课程或消解分层的课程。卢卡斯提出社会背景产生作用至少需要两个条件——某一阶段的教育机会是有限的,社会背景将决定人能完成这一阶段的教育以及人们在这一有限教育机会中获得的教育类型。社会背景的优势似乎有效且持续地确保优势阶层的子女(这些子女的学业表现不乏平庸者)保住他们的优势处境。①

最大化维持不平等假设核心观点是教育机会变得普遍后,家庭背景的差异导致的高等教育机会不平等不会消失;有效维持不平等假设认为家庭背景具有代际的传递性——再生产性,暗含着以家庭背景差异为主要因素造成的教育机会不平等将持续存在,而教育机会的范围也突破了拉夫特里和豪特讨论的高等学校入学机会范围——在高等教育机会得到普遍满足后,横向上竞争高等教育机会的类型,纵向上竞争向下至高中阶段。这两个假设一经提出,就引起了学者的关注。有的学者对此进行了验证,如阿瓦隆(H.Ayalon)和沙维特(Y.Shavit)对最大化维持不平等假设进行了验证,他们评估了20世纪90年代以色列教育部实施的旨在提高文凭合格率的一系列教育政策结果——这些政策关于性别、种族和社会经济不平等——在获得两种形式的文凭上的机率。评估结果显示虽然以色列教育部实施这一系列改革减少了普通文凭获得机率方面的社会经济不平等,但增加了获得高等教育文凭的不平等机率。他

---

① Lucas S.R., "Effectively Maintained Inequality: Education Transitions, Track Mobility, and Social Background Effects", *American Journal of Sociology*, Vol.106, No.6(2001), pp.1642-1690.

们认为这个评估结果反驳了最大化维持不平等假设,而支持了有效维持不平等假设——当教育机会得到普遍满足后,家庭背景转而影响子女获得的教育类型。[1] 类似研究还有李春玲、博利佛（Boliver V.）等学者部分验证了这两个理论对家庭背景对本国高等学校入学机会影响的解释力的有效性。[2] 还有许多学者像卢卡斯一样,对最大化维持不平等假设进行了理论的发展,如帕特森（Paterson L.）和艾奈利（Iannelli C.）提出了对最大化维持不平等假设的更新——解释教育机会不平等是非线性的。[3] 刘（Liu）等人肯定了最大化不平等假设在对普遍性教育机会不平等方面的解释力,认为针对个别国家在高等教育参与率与机会不平等关系的力量差异性方面,这个假设无法提供足够的解释力。[4]

社会分层、文化再生产理论、理性选择理论和最大化维持不平等假设、有效维持不平等假设等社会学中的经典理论为学界理解高等学校入学机会公平问题提供了丰富的理论依据。高等学校入学机会公平问题与这些理论的联系非常密切,单独的一个社会学理论不足以支撑对这个问题的理解,所以没有必要将它们人为地割裂。社会分层解释了教育出现分层以及家庭背景能够影响子女获得高等学校入学机会的一个背景;文化再生产理论、理性选择理论和最大化维持不平等假设、有效维持不平等假设则为具体分析产生高等学校入学机会不公平提供了理论依据。有效维持不平等假设与最大化维持不平等假设虽然都强调家庭之间的阶层竞争,但二者的分歧在于当某一阶段教育成为普

---

[1] Hanna Ayalon, Yossi Shavit, "Educational Reforms and Inequalities in Israel: The MMI Hypothesis Revisited", *Sociology of Education*, Vol.77, No.2(2004), pp.103–120.

[2] 李春玲:《高等教育扩张与教育机会不平等——高校扩招的平等化效应考查》,《社会学研究》2010 年第 3 期;Boliver V., "Expension, Differentiation, and the Persistence of Social Class Inequalities in British Higher Education", *Higher Education*, Vol.61, No.3(2011), pp.229–242。

[3] Paterson L., Iannelli C., "Social Class and Educational Attainment: A Comparative Study of England, Wales, and Scotland", *Sociology of Education*, Vol.80, No.40(2007), pp.330–358.

[4] Liu Y., Green A., Pensiero N., "Expansion of Higher Education and Inequality of Opportunities: a Cross-National Analysis", *Journal of Higher Education Policy and Management*, Vol.38, No.2 (2016), pp.242–263.

遍教育后,最大化维持不平等假设认为关于教育机会的竞争将为零,而有效维持不平等假设则认为教育机会的竞争转向教育获得类型方面。

教育公平应该具有层次性,也就是说教育公平在不同教育阶段的水平应该是不同的。基础教育阶段的公平,尤其是义务教育公平更应体现均衡性,也就是缩小地区间、校际的教育数量与质量上的差距。义务教育机会更注重的是受教育者权利的保障,摒除了受教育者"上学或不上学"的可选择性。我国大力促进义务教育均衡发展,就是为了缩小"就近入学"的校际差距,更好地落实受教育者的教育权益。对高等教育来说,其公平主要体现在教育的供给满足社会大众和社会发展对高等教育的需求上。高等学校入学机会的公平表现在为所有有意愿且有学习能力接受高等教育者提供足够的选择性。正如布尔迪厄所说:"教育公平并不是让每一名学生达到相同的学业能力水平,而是要确保每一个学生有机会学习到相关内容。"①

---

① [法]布尔迪厄:《国家精英:名牌大学与群体精神》,杨亚平译,商务印书馆2004年版,第20页。

第二章 高等学校入学机会公平的
文献回顾与研究假设

教育机会公平是教育公平研究的一个重要组成部分。对高等学校入学机会公平问题的关注和研究开始于 20 世纪 90 年代中后期。尽管研究起步较晚，但国内外学者对高等学校入学机会公平已经进行了大量相关的理论与实证研究。本章首先对已有相关文献进行系统梳理，为研究的开展提供理论与经验的支撑；然后基于文献研究提出研究假设。

第一节 高等学校入学机会公平相关文献回顾

高等学校入学机会的公平问题主要涉及阶层、民族（种族）、性别和地域等几个方面。笔者关注的是中国高等学校入学机会公平问题，当前我国高校入学机会公平问题主要反映为学生阶层差异和地域不同引起的入学机会不公平。因此，这里对已有文献的梳理主要集中在阶层和地域两个方面。

一、国外相关研究文献

随着经济的发展，教育成为现代人获得更多财富、更优社会地位的必要条件，西方国家在 20 世纪中期纷纷采取高校扩招的方式培养社会发展所需要的人才。而在高校扩招的大背景下,关于家庭、社会环境等因素对教育机会获得问题的研究不断成为研究重点,并且研究者主要围绕两个理论假设进行研究。

首先,早期关于相关问题的研究,多以"工业化假设"为基础。该假设认为,随着工业化水平的提高,社会分工更加明确,教育机会的获得更多地依靠个人能力因素,而家庭环境等因素对于教育机会以及社会流动的影响作用将越来越小。该理论假设提出后受到了"再生产假设"相关研究者的质疑,他们认为,教育的目的不仅仅在于通过知识的传授提高学习者的工作技能,其更多的是一种基于原有阶级的"再生产"过程,而再生产的形式也并非是单一的。按照迈耶(Meyer)对再生产的认识,可分为通过学校系统的阶级整体性复制而出现的再生产和在教育过程意识形态的阶级差异而产生的再生产,即其所强调的"强再生产"和"弱再生产"。① 不难看出,对于教育的认识和探索由教育功能主义向再生产的方向转变。

其次,在"再生产假设"的基础上,很多学者进行了基于社会出身不同而造成教育机会获得差异问题的进一步研究和考证,如布尔迪厄以冲突论的观点在其文化资本理论体系中强调,家庭文化资本的强弱对学生的认识能力和学习能力影响明显。并于之后提出文化再生产理论,认为家庭文化资本越多,学生在学校的表现会越优异,从而直接影响学生的教育机会和升学机会的获得。② 另外,费瑟曼和豪泽尔(Featherman & Hauser)在对美国各阶段教育的影响因素分析中发现,社会以及家庭因素对各阶段教育的影响程度并不相同,其中对高等教育的影响随着教育扩招的深入并没有明显下降。③ 之后

---

① Meyer J.W., "Types of Explanation in the Sociology of Education", in J.G.Richardson, ed., *Handbook of Theory and Research for the Sociology of Education*, New York: Greenwood Press Inc., 1986, p.348.

② Bourdieu P., Passeron J.C., *Reproduction in Education, Society and Culture*, London: Sage Pblications, Inc., 1990.

③ Sandefur G.D., Featherman D.L., Hauser R.M., "Opportunity and Change", *Social Forces*, Vol.59, No.3(1981), p.867.

许多相关的研究者,如卢卡斯、沙维特和布洛斯费尔德(Shavit & Blossfeld)、布林和琼森(Breen & Jonsson)、西本和格拉夫(Sieben & Graaf)分别证实了高等学校入学机会的获得受到家庭经济文化、种族民族以及性别等因素的影响。出身不同或者社会地位相差较大的人群在高等教育机会获取方面存在巨大差异,教育尤其是高等教育,更多地发挥阶层、阶级地位再生产的作用。①

当前,国际上对社会阶层与入学机会公平问题的研究主要有三个著名的理论:第一,最大化维持不平等理论(Maximally Maintained Inequality,简称MMI理论)。拉夫特瑞和豪特提出,如果教育资源总量既定,那么,这些教育资源会优先满足优势阶层子女的教育资源需求,其次才可能满足非优势阶层子女。此外,只有当上层阶层在某一级别的教育中达到饱和(如80%以上),这一级别的教育不公平水平才会下降。第二,有效维持不平等理论(Effectively Maintained Inequality,简称EMI理论)。EMI理论是对MMI理论的修正。卢卡斯认为,即使上层阶层在高等教育中达到饱和,但不公平还将在高等教育中以更有效的方式维持。在教育机会方面存在着数量和质量上的两种不平等,前者如上层阶层的子女获得高等教育机会的可能性(比例)大于较低阶层的子女;后者在同一级别的教育中存在着等级分层。第三,教育决策理性选择理论(Rational Choice Theory,简称RCT理论)。这一理论用以回答:在教育扩张的背景下,哪些因素可能提升教育机会分配的公平水平？哪些因素可能加剧教育不公平？贝克(Becker)提出,个人决定是

①　Lucas S. R., "Effectively Maintained Inequality: Education Transitions, Track Mobility and Social Background Effects", *The American Journal of Sociology*, Vol.106, No.6(2001), pp.1642-1690; Shavit, Y., Blossfeld H.P., *Persistent Inequality: Changing Educational Attainment in Thirteen Countries.* Boulder, Colo: Westview Press, 1993. p.408; Breen R., J.O.Jonsson, "Analyzing Educational Careers: A Multinomial Transition Model", *American Sociological Review*, Vol. 65, No. 5 (2000), pp. 754-772; Sieben, I., P.M.de Graaf, "The Total Impact of the Family on Educational Attainment", *European Sociology*, Vol.5, No.1(2000), pp.33-68.

否接受下一阶段教育主要受制于四个因素：下一阶段教育水平在劳动力市场上的回报率；决定停留在目前教育水平可能导致的身份地位的下降总量；获得下一阶段教育水平的成本；决定争取下一阶段教育水平但不成功的概率。

二、国内相关研究文献

从1999年开始，我国开始扩大高等学校招生规模。2015年，我国高等教育毛入学率达到40%，超过中高收入国家平均水平。[①] 随着我国高等教育由精英教育走向大众教育，学界对高等学校扩大招生规模的讨论逐步兴起，在中国知网（CNKI）以"高等学校入学机会公平""高等教育入学机会公平"为关键词进行文献检索，结果显示发文量从2003年的2篇增长到2019年[②]的54篇，学界对于"高等学校入学机会公平"的关注度从2003年到2005年的发文量增长趋势平缓，2006年成为一个拐点，之后对"高等教育入学公平""高等学校入学公平"的关注度持续走高。

"学生家庭背景、经济社会状况的不同而形成的阶层差异，正在成为阻碍高等教育资源公平分配的主要症结。"[③]作为社会组织最基本的单元，家庭背景融合了父辈的职业背景（社会阶层）、家庭经济和文化基础、家庭所在地（地域）等多种因子，这些因子对子女获得高等学校入学机会产生的影响不同。这些因子的不同组合生成的不同家庭背景对子女获得的高等学校入学机会的影响不同：某一类家庭背景的子女在高等学校入学机会中优势明显，对其他家庭子女造成了现实的不公平，对此学界的研究成果丰富。研究将不同因子对

---

①　陈宝生：《国务院关于高等教育改革与发展工作情况的报告——2016年8月31日在第十二届全国人民代表大会常务委员会第二十二次会议上》，《中华人民共和国全国人民代表大会常务委员会公报》2016年第5期。
②　由中国知网提供的数据分析至2019年。
③　吴亮：《美国高等教育入学机会的阶层公平保障：缘起、发展与趋势》，《高教探索》2020年第5期。

高等学校入学机会产生的影响分别予以陈述,源于不同的文献对于要研究的主题有不同的侧重,社会阶层、家庭经济背景、文化背景及地域背景等因子对高等学校入学机会公平实现的影响也绝非"孤立影响因素",它们是通过共同作用来影响子女获得高等学校入学机会的。

从研究方法的使用上看,已有文献使用的数据信息量大,数据来源有的是现有文献,有的是某些研究机构或课题组的问卷调查的数据,有的是采用本课题组设计、编写的调查问卷。无论采用何种数据,已有文献均对研究方法的使用进行了较为详细的说明,包括问卷中数据的来源、数据的检验、建模中控制变量及对统计结果的说明。

(一) 社会阶层对高等学校入学机会公平实现的影响

社会阶层是社会分层的结果,是西方社会学研究的一个重要概念,随着我国的改革开放,经济、政治和社会的变迁,社会阶层在我国也有了学术语境。对社会阶层概念的解释及其分类依据,我国学者普遍采用陆学艺所在的课题组提出的"以职业为基础,以组织资源、经济资源和文化资源的占有情况为依据"[①]的划分方法。有的直接使用其十大阶层的划分结果,有的则依据此方法进行了阶层的整合,组织资源的概念后来又发展成为社会资源。此后,社会阶层对高等学校入学机会公平实现的影响及影响程度就成为研究高等教育机会公平研究重要的维度。

郑若玲采用韦伯的社会分层理论,将社会阶层分为经济阶层和文化阶层,论证经济阶层和文化阶层对高等学校入学机会公平的影响。她分别利用三个不同时期中国和美国已有的文献数据进行再加工,指出经济阶层不仅是影响子女获得高等学校入学机会的重要因素,而且也影响子女接受高等教育的类型和层次。这种经济资源的影响兼具显性和隐性影响。文化阶层对高等学校

---

① 陆学艺:《当代中国社会十大阶层分析》,《学习与实践》2002 年第 3 期。

入学机会公平实现的影响力受到社会发展、知识地位日益提高及社会流动机制的影响而逐渐变小。①

　　杨东平的课题"我国高等教育的教育公平理论研究"中的部分内容《高中阶段的社会分层和教育机会获得》和《高等教育入学机会:扩大之中的阶层差距》是相互关联的研究成果。两篇文献对陆学艺阶层划分方法进行了整合。《高中阶段的社会分层和教育机会获得》通过大规模的问卷调查,指出高中教育阶段出现社会分层,"城乡二元经济和重点校政策是基本的教育分层制度,重点校政策存在一种复制和扩大社会阶层差距的机制"。②《高等教育入学机会:扩大之中的阶层差距》利用文献和所在课题组进行的问卷调查,指出不同阶层在高等学校入学机会获得过程中的差距是高中教育阶层分化的延续。该篇文献结合了已有文献的调查数据和课题组开展调查获得的数据,呈现了在 20 世纪 90 年代初,来自农村的学生在研究生学历层次的人数比例大。随着高等教育扩招,到了 21 世纪初的几年,农村子女在研究生阶段人数占比正在缩小,据此认为优势阶层子女在不同学历层次都获得更多受教育机会。③

　　谢作栩、王伟宜利用"辈出率"的概念对部分省市不同性质和类型的高校在校生进行问卷调查并进行数据分析,认为部属重点高校的入学机会明显偏向于经济、社会和文化资源较丰富的社会阶层子女;不同阶层子女获得公办普通本科高校入学机会的差异逐渐减小,但在缩小不同社会阶层子女入学机会差异方面的作用有限;公办高等职业院校的自身属性和面向地方的地域性特点,或将成为实现高等教育入学公平的突破口。该篇文献指出,以父母受教育程度为代表的家庭文化资源将对子女获得高等学校入学机会产生一定的影

①　郑若玲:《高等教育与社会关系——侧重分析高等教育与社会分层之互动》,《现代大学教育》2003 年第 2 期。

②　杨东平:《高中阶段的社会分层和教育机会获得》,《清华大学教育研究》2005 年第 3 期。

③　杨东平:《高等教育入学机会:扩大之中的阶层差距》,《清华大学教育研究》2006 年第 1 期。

响,母亲受教育程度对子女入学机会的影响较父亲更具显著性,家庭文化资源具有代际传递性。① 这一研究结论与郑若玲关于文化阶层对获得高等学校入学机会的影响的结论相似。

刘精明采用 GSS2003 数据,进行事件史的 COX 比例风险模型分析,证明了在 1978 年至 2003 年之间确实存在因社会阶层背景和自身社会阶层位置而产生的获得高等学校入学机会的差异。他认为在高等教育扩大招生规模的背景下,不同阶层会采用不同的策略,以期通过高等教育或扩大自身的阶层优势提高社会地位、获得自存技能。处于社会下层的群体通过努力改变自己的社会阶层和优势阶层通过高等教育扩大阶层优势并行。② 该篇文献根据韦伯等人对教育类型的划分,将高等教育相应地划分为地位取向的本科教育和生存取向的成人高等职业教育。在讨论教育扩展和教育不平等的基础上,提出假设模型,将社会阶层等一系列较宏观的概念具体化,运用数据进行检验,这样一种用假设模型进行较为复杂的数据运算的研究方法,使得论述社会阶层对高等学校机会公平实现的影响更为具体。同样,《能力与出身:高等教育入学机会分配的机制分析》利用清华大学"中国大学生学习与发展追踪研究(CCSS)"的数据,运用系数集束化方法对假设模型进行验证,指出普通本科教育入学机会的获得以能力为先,随着高等教育学校的层次的提升,能力和出身效应同时扩大。③

社会阶层与高等学校入学机会之间的交互作用引发了学界关于"寒门贵子"的争论,这正是关于社会阶层差异对学生接受高等教育的影响的探究。孙天华、张济洲认为争论的根本在于功能论与冲突论的分歧始终存在,高等教育规模的扩展确实可以使不同阶层子女间高等学校入学机会差距减少,但在

---

① 谢作栩、王伟宜:《高等教育大众化视野下我国社会各阶层子女高等教育入学机会差异的研究》,《教育学报》2006 年第 2 期。

② 刘精明:《高等教育扩展与入学机会差异:1978—2003》,《社会学》2006 年第 3 期。

③ 刘精明:《能力与出身:高等教育入学机会分配的机制分析》,《中国社会科学》2014 年第 8 期。

优质高等教育机会分配中,阶层差距则是愈发凸显的。[①] 郭书剑、王建华认为争论存在的本质是精英主义与平等主义的冲突,"高等教育既要为了学术卓越而保护精英主义,也要为了社会公平而捍卫平等主义"。[②] 社会阶层对高等学校入学机会的影响无论从理论机理还是历史现实来看,都是毋庸置疑的。

此外,钟云华、沈红、宋红霞和晏小敏[③]等人分别通过实证研究,系统地论证了社会阶层与高等学校入学机会之间的关系。陈小伟、谢作栩、杨倩和刘凯等人[④]专门针对少数民族子女高等学校入学机会进行了研究,发现在少数民族地区,同样是优势家庭子女获得的高等学校入学机会更大。

关于社会阶层与高等学校入学机会公平实现关系的研究,主要议题是不同阶层子女获得高等教育的差异,分为获得高等教育的类型和专业两个方面差异。研究结论有:首先,来自优势阶层的子女在获得高等学校入学机会上更具优势,在进入优质高校(如"985"和"211"高校)、热门专业的机会上更具竞争力。其次,在优质高校层级上,优势阶层的子女获得优质高校的入学机会和进入热门专业学习的机会更多;在非优质高校层级上,社会阶层的差异性减弱;高等专科教育和高等职业教育吸收和消解社会阶层差异性的作用明显,尤其是地方高职院校。最后,在少数民族聚居地和少数民族内部同样存在因家庭所处阶层不同而导致的子女高等学校入学机会差异。

---

① 孙天华、张济洲:《社会阶层结构与高等教育机会获得——基于山东省的实证研究》,《湖北社会科学》2017 年第 1 期。

② 郭书剑、王建华:《寒门贵子:高等教育中精英主义与平等主义的冲突》,《高等教育研究》2018 年第 10 期。

③ 钟云华、沈红:《社会分层对高等教育公平影响的实证研究》,《复旦教育论坛》2009 年第 5 期;宋红霞:《社会阶层与高等教育机会均等的相关性研究》,博士学位论文,陕西师范大学,2009 年,第 1—156 页;晏小敏:《从高等教育脉动看阶层差异与入学机会公平轨迹》,《理工高教研究》2010 年第 4 期。

④ 陈小伟、谢作栩:《三种资本对不同民族子女高等教育入学机会影响的差异分析》,《教育与经济》2009 年第 4 期;杨倩:《云南省五个少数民族的高等教育入学机会差异分析——基于社会分层理论的视角》,《大学教育科学》2015 年第 5 期;刘凯、刘蕾:《西藏高等教育入学机会社会差异研究》,《西藏民族大学学报(哲学社会科学版)》2016 年第 2 期。

通过梳理后发现,已有文献多运用量化研究方法,通过一定的模型进行验证或是描述性地论证"阶层对高等学校入学机会公平实现确有影响",但据此提出可操作性建议的研究并不多。

(二) 家庭经济和文化背景对高等学校入学机会公平实现的影响

家庭经济和文化背景作为两个独立的影响因子,在已有文献中通常被作为研究高等学校入学机会的两个维度一起进行论证。在研究方法上,学者运用的数据多源于某些研究机构开展的大中型问卷调查采集的数据,或进行描述性统计、或进行建模分析——问卷发放多覆盖不同省份和地区;调查的学校包括重点本科高校和非重点本科高校、普通本科高校和高职高专院校、公办院校和民办院校等不同类型和性质的高等教育院校;调查对象以本科在校生为主,采用不同的模型分析(logit、辈出率、多元线性交互分类模型、HLM 模型和卡方检验等)导致结果可能会不同。

1. 家庭经济背景对高等学校入学机会公平实现的影响

已有文献中,家庭经济背景以家庭货币收入作为主要的考察因素,对家庭经济情况的划分多以家庭年收入为标准划分为高、中、低收入家庭,划分标准依据当年国家统计局调查数据的划分结果。

郭丛斌、闵维方利用对应分析法,得出在高等教育阶段,家庭经济背景的作用明显小于家庭文化背景的结论。[①] 王伟宜、唐卫民、姜育兄采取相同的论证方法,对不同收入家庭子女在各类型高校中的分布和各类型高校中不同收入家庭子女的分布进行了数据统计,得出大致相同的结论:公办高校提供给不同家庭经济背景的子女较多的入学机会、低收入家庭子女在公办的各类院校中入学机会较多;不同收入家庭背景子女在重点高校的入学机会差异最小,即学业

---

① 郭丛斌、闵维方:《家庭经济和文化资本对子女教育机会获得的影响》,《高等教育研究》2006 年第 11 期。

能力是不同家庭背景子女进入重点高校的主要因素。此外,唐卫民、姜育兄又指出,不同家庭经济背景的子女的高等学校入学机会差异不大,随着家庭收入的增多,子女就读于公办各类型院校的比例下降;在民办的各类型院校中,家庭收入增多,子女就读于民办各类型院校的比例上升,不同收入家庭子女在各类型民办院校中的高等学校入学机会差异性显著。① 出现这种情况的原因是高等教育收费制度和子女在校的生活费等教育成本问题限制了低收家庭在高等学校入学机会的选择范围。② 周丽萍、岳昌君更是在利用 2017 年全国高校毕业生就业调查数据对高等教育全过程中家庭背景对高等教育公平的影响时,得出了在高等学校入学机会数量上,受家庭经济背景和城乡背景的影响较大的结论。③

已有文献研究表明,家庭的经济背景对子女获得高等学校入学机会有影响。首先,高收入家庭子女获得高等学校入学机会优势更显著,这种优势主要体现在获得优质高校或民办高校的入学机会上。其次,在争夺优质高等教育资源的入学机会上,家庭经济背景对子女的影响不显著,仍以子女的个人学业能力为主要竞争力。这与家庭所处阶层对子女高等学校入学机会的影响在不同层次和不同类型的高等学校表现的一致性不同,与刘精明④的研究结论一致。这表明优质高校提供教育机会的过程仍然是选拔"准精英",因此提供的教育机会必然有限,因学业能力造成的高等学校入学机会不公平问题不应纳入高等学校入学机会不公平的研究范围。经济条件优越,家庭能够为学生提供更好、更多的物质保障。如在准备高考过程中,为子女报名补习班、接触更

① 王伟宜:《我国不同收入家庭子女高等教育入学机会差异研究》,《辽宁教育研究》2007年第 5 期;唐卫民、姜育兄:《家庭收入对高等教育入学机会影响——以辽宁省六所不同类型院校为例》,《现代教育管理》2010 年第 7 期。

② 蔡文伯、伍开文:《家庭背景对高等教育入学机会的影响——基于新疆的实证研究》,《教育科学》2014 年第 4 期。

③ 周丽萍、岳昌君:《从入口到出口:家庭背景对高等教育公平的影响——来自 2017 年全国高校毕业生就业调查的证据》,《江苏高教》2019 年第 8 期。

④ 刘精明:《能力与出身:高等教育入学机会分配的机制分析》,《中国社会科学》2014 年第8 期。

多优质教育资源;家庭经济收入高也为子女免去了后顾之忧——学费和入学后的生活费等必需的教育成本,因此在其所能获得的入学机会中,会选择较好的高校或专业。对家庭经济条件差的子女来说,这种因非学业能力导致个人获得的高等学校入学机会处于弱势,就是不公平。

2.家庭文化背景对高等学校入学机会实现公平的影响

文东茅通过北京大学"高等教育规模扩展与毕业生就业"课题组 2003 年的调查数据分析,指出子女高考成绩与父母受教育程度相关,即随父母亲学历层次由高到低递减。[①] 王伟宜、谢作栩利用辈出率对数据进行分析后指出,父亲的受教育程度对子女高等学校入学机会产生较大影响,而这种影响对子女获得哪种类型的高等学校入学机会的影响较弱。相比父亲的受教育程度,母亲的受教育程度对子女的高等学校入学机会和就读高等教育学校类型的影响更大。父母拥有的精英文化传递给子女转化为其天资或学习的能力,父母的精英文化资源也影响子女的高等学校入学机会。当子女的学业竞争力无法使其顺利进入较好的高等学校时,或其成绩根本无法进入本科学习时,便失去了与其他具有相同家庭文化背景的子女的竞争力,便会选择进入民办高职院校或独立学院以获得高等教育入学的机会。这也解释了民办高职院校和独立学院中具有良好家庭文化背景的子女辈出率高的现象。[②] 赵叶珠和谌红桃、杨振华的研究都提到了家庭文化氛围对子女的高等学校入学机会实现的影响,父母接受教育程度高,家庭形成文化氛围对子女产生的影响较大,父母对教育的期望及对子女教育方法和学习的管理都会影响子女高等学校入学机会。[③]

---

①　文东茅:《家庭背景对我国高等教育机会及毕业生就业的影响》,《北京大学教育评论》2005 年第 3 期。

②　王伟宜、谢作栩:《家庭文化背景对高等教育入学机会的影响》,《高教理论》2005 年第 4 期。

③　赵叶珠:《家庭背景对高等教育入学机会的影响》,《青年研究》2000 年第 3 期;谌红桃、杨振华:《父母教育背景对子女高等教育入学机会的影响:城乡对比》,《南京林业大学学报(人文社会科学版)》2009 年第 3 期。

沈艳、张恺在论证时分别使用了三种不同的统计方法——数据统计、显示比较优势指数(Revealed Comparative Advantage,RAC 指数)和 logit 计量回归,证明父亲受教育年限越长,子女进入"211"高校机率越高。[①] 张行、徐京波的研究中将父母的文化资本进一步细分为父亲的教育程度与父母一般的文化活动,他们认为二者均会对子女成功升学产生明显的积极作用。同时,他们还重点关注家庭文化资本对高等学校入学机会影响的世代差异,得出"无论哪一世代,只要文化资本越丰富,升入大学的可能性就会增加"的结论。但是,在世代差异的背景下,不同类型的文化资本对子女的高等学校入学机会的影响存在差异,也就是文化资本的作用机制具有差异性。[②]

已有文献普遍将家庭中父亲受教育程度和受教育年限作为主要的考察因素。父亲受教育程度影响子女高等学校入学机会,父亲受教育程度越高、受教育年限越长,对子女的高等学校入学机会的影响越大,相比父亲受教育程度低的家庭,父亲受教育程度高的家庭的子女在高等学校入学机会上更具优势。值得注意的是,已有的以家庭文化背景作为研究对象的相关文献中,对父亲的单一关注程度超过了对母亲或父母二人的关注,表明这些研究中的前提假设是父亲本人的受教育程度和受教育年限在营造家庭文化氛围中起主导作用。范静波、孟令东、杨晓平的研究重点关注了这一问题,得出了父亲、母亲双方的受教育程度与职业因素均会对子女受高等教育机会产生影响的结论,但无论是受教育程度还是职业因素,父亲产生的影响都大于母亲。[③]

家庭文化背景对子女高等学校入学机会实现产生影响的原因在于,父母受教育程度越高,在家庭中更易形成对知识的崇尚,父母能够在学习上对子女

---

① 沈艳、张恺:《家庭背景对我国高等教育入学机会的影响——基于 2013 届高校毕业生调查的实证分析》,《教育学术月刊》2015 年第 5 期。

② 张行、徐京波:《文化资本、世代差异与高等教育机会(1942—2013)——基于"社会发展与社会建设"数据的分析》,《教育学术月刊》2018 年第 5 期。

③ 范静波、孟令东、杨晓平:《家庭因素影响子女高等教育入学机会趋势差异比较研究》,《中国高等教育》2019 年第 Z1 期。

进行更积极的引导和辅导,使得子女在高考中的竞争力得到提升。已有的文献指出,文化作为一种隐性的资本,具有代际传递性。通过学校教育,将不同家庭文化资本的差异性固化,导致教育原本促进社会流动和社会阶层的积极作用反而成为障碍。这是学界和高等教育管理者必须正视的问题。

（三）地域对高等学校入学机会公平实现的影响

地域对高等学校入学机会公平实现的影响主要体现在城乡子女在获得高等学校入学机会上的差异和高等学校在不同地域投放的招生指标和录取分数的不同。在研究方法上,同样是利用调查问卷进行数据分析,有的是进行描述性统计,有的是进行建模分析。但是关于城市、城镇、农村的区分,已有文献没有给出明确的划分依据。以城乡差异为主要的研究维度,对东、西部地区的高等学校入学机会差异的研究,多以高考招生的相关政策为切入点,分析导致城乡间、地域间无法公平获得高等学校入学机会的原因。

利用跨年度数据进行趋势分析的代表性研究有两篇。苟人民利用1996—2005 年的全国高等教育入学考试工作报名的数据、录取实际汇总数据及同期全国人口普查的有关数据进行描述性统计后发现,城乡考生之间、往届与应届考生之间的录取率存在差距,城市考生的录取率高于当年总录取率。从实证分析的结果看,1999 年高等学校扩大招生规模以来,城市和农村考生的录取差距在数量上逐渐减小,但农村应届考生从报考和录取的比例上未能达到农村人口占全国总人口的自然比例和同年总录取率。[1] 乔锦忠利用1996—2005 年全国高考录取人数的数据构造了 Eur 指数,指出总体上城乡子女入学机会差异较明显,重点高校入学机会城乡差异大。他指出,发展阶段约束是城乡差异较大的原因。[2]

---

[1]　苟人民:《从城乡入学机会看高等教育公平》,《教育发展研究》2006 年第 5a 期。
[2]　乔锦忠:《优质高等教育入学机会分布的区域差异》,《北京师范大学学报（社会科学版）》2007 年第 1 期。

　　樊明成利用已有数据进描述性统计,先从整体上论述了城镇居民接受高等学校入学机会大于乡村居民,再从性别、学校类型、学科和入学分数四个角度,证实了城乡之间存在着较明显的高等学校入学机会差异。[①] 李春玲的研究更为系统,她以西方社会学的"最大化维持不平等假设""有效维持不平等假设"和"个人教育决策的理性选择理论"为理论基础,将西方社会学理论解释与中国社会的情况结合,在此基础上运用数据对这些理论假设进行校验,部分理论假设得到证实。她指出,教育扩张只有与相关政策进行配套运用才有可能减少城乡之间高等教育入学不平等。[②]

　　近年来,许多学者关注在高等教育扩招的背景下,高等学校入学机会在各地区间的差异如何变化。常进雄、阮天成、常大伟的研究发现,扩招后城乡适龄人口的大学入学率的绝对差异仍在增加,但相对差异在缩小。也就是说,整体来看,扩招后农村居民整体的大学入学率增长速度快于城镇居民;但从个别来看,大学扩招对城乡不同收入水平的家庭上大学的影响存在较大差异。[③] 张东海、李莉通过威尔逊系数和泰尔指数测算了全国 31 省在地区间和省际高等学校入学机会差异变化情况,他们认为扩招对总体入学机会的地区差异有显著的缩小作用,且在总体上提高了优质入学机会,但其效果有限。[④] 地域对高等学校入学机会的影响源于我国历史传统、地区发展差异等原因,扩招虽然对缩小高等学校入学机会的地域差异有一定作用,但总数的扩大并不能完全决定每一部分的均匀扩大,这与李春玲"扩招应与相关政策配合使用"的观点一致。

---

　　① 樊明成:《我国高等教育入学机会的城乡差异研究》,《教育科学》2008 年第 1 期。
　　② 李春玲:《高等教育扩张与教育机会不平等——高校扩招的平等化效应考查》,《社会学研究》2010 年第 3 期。
　　③ 常进雄、阮天成、常大伟:《扩招对我国城乡教育平等的影响研究——基于大学教育回报率与大学入学机会的视角》,《学术研究》2018 年第 7 期。
　　④ 张东海、李莉:《扩招与高等教育入学机会地区差异的再分析》,《北京大学教育评论》2019 年第 1 期。

通过梳理已有文献发现,城市家庭子女比农村家庭子女在高等学校入学机会上更具优势,高等学校的录取分数线倾向于高校所在地或东部大中城市;不同地区考生考取相同高等学校的分数存在差异。少数民族子女获得高等学校入学机会同样受到城市和农村差异的影响。造成城乡子女高等学校入学机会差异明显的主要原因在于城乡二元结构等。同时,还发现地域对高等学校入学机会公平实现的影响,表面上是家庭所在地限制,实则有更加深层次、复杂的因素,而要扭转这种局面,必须从宏观、整体上推进改革的措施,不仅要有适合的衡量高等学校入学机会的指标,还要在政策上加大对农村地区、偏远地区和少数民族地区的扶持;不仅要拓宽高等学校入学机会的渠道特别是地方学校和高职高专院校的发展,还要鼓励和支持大学生创新创业、拓宽就业渠道。现实中如何推进高等学校入学机会公平的实现任重道远。

三、对已有研究的述评

通过梳理已有文献,发现家庭背景和相关政策对高等学校入学机会的公平实现均产生影响,国家和地方高等教育管理部门颁布和实施的政策通过家庭的内化对其子女获得高等教育的机会产生影响。

研究方法要实现量化研究与质化研究的结合。在家庭背景因素对高等学校入学机会影响的这类研究中,研究假设是我国高等学校入学机会不公平,研究思路是在大数据基础上进行模型建构、对数据结果进行解释以服务于研究假设。社会阶层、经济和文化背景及地域是作为家庭背景的主要因素,是客观的且容易测量到的因素。在高等学校入学机会的选择上,其他影响家庭和子女作出选择的因素还有主观的、动态的因素。如在对家庭文化背景的研究中,家庭的行动策略、家长对子女的教育期望、对子女的培养方式等,这些不能直接测量的因素对高等学校入学机会的影响也存在研究的价值,[1]单纯的量化

---

① 张玉婷:《从结构到文化——家庭背景与高等教育升学研究述评》,《复旦教育论坛》2011年第6期。

研究是不能够完成这种庞杂的研究任务的。因此,质化研究和量化研究结合必将是后来者在研究高等学校入学机会公平这一课题时运用的研究方法。关于相关政策对高等学校入学机会的影响,仅从思辨的方法分析政策文本和政策结果已经不能满足教育政策研究的需求。大数据的出现,对于政策执行的效果亦可运用量化研究的方法进行调查数据的收集和分析,运用质化研究的方法将测量获得的信息进行处理和分析,从而进一步保证研究的结论更加客观,以提出有效的对策。

研究内容上将更多地关注提供可行的解决对策。已有的文献对来自优势家庭的子女获得高等学校入学机会更具竞争力这一现象达成基本共识,但是缺少对社会阶层、家庭经济和文化背景、地域等因素对子女获得高等学校入学机会如何产生影响的具体研究,这应该成为后来者要关注和着力解决的问题。针对缩小高等学校入学机会的差异性、降低不公平程度提供对策,其基本思路必然要将宏观的指导思想和具体的解决策略相结合,而且要将促进高等学校入学机会公平的研究视线向下延伸至高中教育阶段、义务教育阶段,甚至是学前教育阶段。对影响高等学校入学机会公平实现的相关政策的研究,应从静态分析走向动态分析,即从政策文本分析转向对相关政策过程的分析,厘清政策过程中的问题,有效提出对策。同时,高等学校入学机会关系到每个家庭的切身利益,是牵一发而动全身的问题,不仅仅是教育问题,更是关涉社会稳定问题,因此提出的解决对策或方案必须是可行的、有利于维护大多数家庭子女高等教育权益的。

第二节　高等学校入学机会公平的研究假设

基于已有的理论研究和实证研究,以及国内近年来高等学校入学的相关政策的实施,提出以下几个待验证的研究假设。

假设1:持续增长的教育规模与不同阶层水平子女所获得的教育机会不

相关。

根据 MMI 理论,教育规模的不断增大并不能影响人们教育机会的获取。当人们受教育机会的增加超过了社会的总需求时,教育系统中的不平等现象并不能减少。只有当高层级的教育需求达到了某种饱和程度,优势阶层和弱势阶层之间的受教育机会差异才可能会减小。否则,受教育机会的变化可能是相反的。因为社会经济地位较高的父母总是会寻求各种方式,使其子女的受教育机会最大化。当受教育机会的增加超过社会总需求时,教育系统中的不平等程度并不会减少。只有当优势阶层在某一特定层次教育的入学达到饱满或者接近饱和程度时,该层次教育的不公平程度才开始下降。

假设 2:优质高校入学机会在社会经济地位不同的家庭子女间有明显差异。

根据 EMI 理论,当教育数量均等在某个层级实现后,应该考虑教育质量的不均等。处于社会经济优势地位的家庭会努力确保他们自身或者其子女获得教育的优势。如果受教育机会在数量上存在不均等,那么处于社会经济优势地位的家庭将会在教育数量上获取优势。如果在受教育质量上不均等,那么处于社会经济优势地位的家庭将会在教育质量上获取优势。只要在某一个层级的教育还没有完全普及,处于优势阶层的家庭将会利用各种方式确保自身或者其子女取得该教育层级的优势。如果该层级的教育完全普及之后,那么他们在确保教育数量的基础上,会获得更高质量的教育。当教育规模较小时,入学机会是稀缺资源,社会经济地位优势家庭就会利用他们的优势获得入学机会,进而在就业等方面也获得比较优势,此时的教育优势就体现在数量上。在教育规模扩大后,教育数量在阶层间的差异逐渐缩小,此时社会经济地位优势家庭就会利用其掌握的资源,获取在学校类型、专业等方面的质量优势。

假设 3:高等学校招生人数在城乡间的差距缩小。

近年来,国家将促进教育公平作为国家基本教育政策,将"高等学校入学机会公平"作为高校入学招生工作的重点内容。从 2008 年开始的"支援中西部地区招生协作计划",以及 2015—2017 年教育部《普通高等学校招生工作规定》中明确提出要"增加支援中西部地区和录取率相对较低省份的招生名额",同时还增加了"中央部门所属高校要积极履行促进入学机会公平的社会职责,合理确定分省招生计划,向重点高校录取比例相对较低的省份倾斜"的规定,可以看出国家对高等学校入学机会公平的目标体现出明确性和逐年提升的特点,而且目前对高等学校入学机会公平的政策要求主要体现在数量上。在中国,城乡二元结构导致了城乡之间教育机会不公平,城乡之间的教育不平等比阶层之间的教育不平等更为突出。① 但随着中央"扩大重点高校面向贫困地区农村招生规模"工作的逐年推进,2012 年秋季学期我国农村学生进入优质高校的比例开始有所回升。2017 年国家通过专项计划录取的农村和贫困地区学生比 2016 年增长 9.3%。② 在中央政策的落实下,我国高等学校招生数量在城市与农村地区之间的差距会保持缩小趋势。

---

① 李春玲:《高等教育扩张与教育机会不平等——高校扩招的平等化效应考查》,《社会学研究》2010 年第 3 期。

② 中华人民共和国教育部:《2017 年贫困地区农村学生上重点高校人数再增长 9.3%》,2017 年 8 月 28 日,见 http://www.moe.gov.cn/jyb_xwfb/gzdt_gzdt/s5987/201708/t20170828_312509.html。

第三章　高等学校入学机会公平的
现状与假设检验

为深入了解我国高等学校入学机会公平的现状,本章主要利用问卷调查方法收集的数据和 CGSS 公开的数据,从学生的高考成绩、高校类型、城乡差异、阶层差异等不同视角进行实证分析。多维度的调查研究,一方面可以为理论分析的适用性提供现实层面的证据支持,另一方面可以为高等学校入学机会公平的提升等问题奠定基础。

第一节　研究工具与方法

本章实证分析部分使用的数据主要来源如下:第二节至第四节使用的数据来自"高等学校入学机会公平机制及预测课题组"(以下简称"课题组")2013—2015 年对全国 8 所综合类型高等学校本科学生的问卷调查,其中包括东部地区部属和省属高校各 1 所,中部地区部属高校 2 所和省属高校 1 所,西部地区部属高校 1 所和省属高校 2 所。调查对象为 2013 年度和 2015 年度入学的全日制本科学生,覆盖高等学校 13 个学科门类。8 所高校共发放调查问卷 13002 份,回收 12967 份,其中有效问卷 12894 份,有效回收率为 99.4%。第五节使用的数据来自中国综合社会调查(Chinese General Social Survey,以下简称 CGSS),它是我国最早的全国性、综合性的学术调查项目。CGSS 调查中包含了与高等学校入学机会相关的信息,笔者选取 CGSS2015 年的调查数据。

一、研究工具编制

为获取高等学校入学机会公平方面的信息,以在校大学生为调查对象,选取调查变量,设计调查问卷。变量选择和问卷设计基于两个前提,首先是参考了大量相关研究中对高校大学生调查的问卷设计,同时研究者对 15 名高校大学生就选择就读专业的影响因素进行了访谈,这 15 名访谈对象分别是来自山东、陕西、吉林和北京的部属高校或省属高校、文理科专业的农村或城市生源。结合访谈获取的信息和已有的研究设计,以理论假设为基础,在质性调查分析的基础上,再通过严格试测与调整,编制高等学校入学机会公平调查问卷,一方面可以量化入学机会公平的测量结构,同时也为后面的实证研究提供科学、可信的测量工具。经过两次预调研和两轮修改问卷,最终完成了问卷设计和变量选取。

(一) 初测问卷设计及修订

在访谈和综合已有相关调查研究的基础上,将调查问卷设计为三个维度,即个人基本信息、个人入学信息和家庭信息,其中个人基本信息主要包括被调查者所在学校、入学时间、性别、民族、出生年份等,个人入学信息和家庭信息是问卷的核心部分(见表 3-1)。

表 3-1　预调研问卷结构及指标

一级指标	二级指标	三级指标	题项说明
个人入学信息	生源	户籍所在地	省份及市/区/县
		户口性质	农业/非农业
		居住地	大中城市;小城市;县级城市;乡镇;农村

续表

一级指标	二级指标	三级指标	题项说明
个人入学信息	高中	高中类型	城市示范高中;城市普通高中;县级示范高中;县级普通高中;农村高中;其他
		是否党员	是/否
		担任学生工作情况	班长及以上/其他
		获得奖励情况	省级以上奖励/其他
	大学就读专业	13门类	哲学;经济学;法学;教育学;文学;历史学;理学;工学;农学;医学;管理学;军事学;艺术学
		选择专业影响因素	选择两个最重要的原因:个人兴趣、爱好;父母的选择;录取分数较低;好就业;为出国做准备;学校调剂;男/女朋友选了该专业;学费较低;该专业在全国的排名;自身特长
	高考成绩	高考原始分数	不包括各类加分
家庭信息	家庭经济水平	生活费	大学期间月消费
		家庭人均收入水平	按城镇居民可支配收入水平分9档
	家庭文化水平	父母受教育程度	小学及以下;初中;高中或中专;本科或大专;硕士研究生及以上
	家庭阶层	父母职业	无工作;农民(包括农林牧渔业);工业生产工人或建筑工人;销售及服务业工人;个体工商户;企事业单位办公人员;专业技术人员(教师、科研工作者、工程技术人员、经济师、律师、会计师、设计师、医生等);私营企业主;企业管理人员(企业的厂长、书记、经理、科长、工段长);国家与社会管理者(干部);其他

在咨询了三位学科专家的建议后,对问卷作了三处修改。第一,学生选择专业的影响因素调查部分一共有 11 个题项,构成了对学生选择高校专业影响因素的量表,选择 1—10 分赋分的方式。第二,无法真正掌握学生家庭的实际经济水平情况,尤其是很多学生可能并不了解家庭人均收入水平。因此,在保留两个题项的基础上,量表增加了"是否申请助学贷款或生活贷款""家庭是

否获得最低生活保障金"两个问题,以此得到学生经济水平较低的信息。第三,增加"家庭中兄弟姐妹数量"和"在兄弟姐妹中排行"的题项。三位专家都建议,家庭子女的数量是影响学生接受更多教育的重要因素,而且,学生在兄弟姐妹中的排行也在很大程度上影响着父母教育投资决策。

问卷修改后,采用目的性抽样方法进行了第一轮试测。在吉林省选取了一所部属高校、天津市选取了一所市属高校,然后在两所高校的文科和理科专业各选择了 30 名学生进行试测。共发放问卷 120 份,回收 120 份,其中有效问卷 105 份,有效率为 87.5%。

将回收问卷信息录入 SPSS20.0 统计软件,分别计算学生入学信息和家庭信息两个维度的内部一致性信度。信度分析的目的是为了掌握问卷设计的一致性和稳定性。这里使用克龙巴赫 Alpha 法来估计问卷的内部一致性。一般来说,Alpha 系数越接近于 1,代表问卷的信度越高,内部一致性也越高;相反,Alpha 系数越小则信度越低。两个维度的 Alpha 系数均在 0.5—0.7 之间,说明问题设计具有一定可信度,而且家庭信息维度的可信度更高(见表 3-2、表 3-3)。需要说明的是,根据统计软件提示,如果删掉一些具有相关性的题目,可以提高 Alpha 系数,但是经过讨论,研究者认为"是否获得最低生活保障"的问题对于家庭经济收入水平信息具有很强的补充性,因此并没有删除这类相关性较高的题目。

表 3-2　预调研问卷个人入学信息维度信度结果

Cronbach's Alpha	Cronbach's Alpha Based on Standardized Items	N of Items
0.542	0.550	29

表 3-3　预调研问卷家庭信息维度信度结果

Cronbach's Alpha	Cronbach's Alpha Based on Standardized Items	N of Items
0.609	0.634	8

研究分别对问卷的效度进行了效标效度和结构效度的检验。学生个人入学信息除高考成绩这个变量外,其他题项都是分类变量,因此使用了皮尔逊相关分析方法作效标效度的检验,结果是 0.532(Sig. = 0.023)。因子分析法得出的 KMO(Kaiser-Meyer-Olkin)结果是取样适当性量数,KMO 值越高,表明变量间的共同因子越多,调查数据适合作因子分析。笔者对学生选择专业的影响因素的 10 个题项进行了因子分析(结果见表 3-4),发现各变量表现出比较强的线性关系,可以提取公因子并进行因子分析;KMO 值为0.718,并且在统计上显著;Bartlett 球形检验的观测值为 10223.421,同时通过了显著性检验,这说明各影响因素之间有较强的相关性,结构效度较好。

表 3-4　预调研问卷学生选择专业影响因素的 KMO 及 Bartlett 检验结果

Kaiser-Meyer-Olkin Measure of Sampling		0.718
Bartlett's Test of Sphericity	Approx.Chi-Square	10223.421
	df	45
	Sig.	0.000

(二) 第二次试测及问卷确定

考虑到学生在填报高考志愿、选择高校专业时,可能存在一部分学生对填报的志愿并没有过多了解的情况,故在"学生专业选择的影响因素"选项里增加了"对专业没有过多了解"一项。另外,为了尽可能保证通过问卷调查到的学生家庭经济水平更接近实际情况,又补充了"进入大学前是否考虑过申请助学、生活贷款""进入大学前家庭计划在大学期间每个月的生活费"这两个问题,主要原因在于:首先,在家庭经济水平允许的前提下,学生或家庭一般不会考虑申请贷款;其次,获得最低生活保障金需要较多条件限制,可能有的家庭经济水平很低,但受各种因素影响未能申请到最低生活保障金,而家庭计划提供给子女的大学期间生活费用也能够反映出家庭的经济情况,这个变量可以与是否获得最低生活保障金共同筛选出经济水平低的家庭。

问卷修改后,进行了第二轮试测。这次仍然采用目的性抽样方法,在吉林省选取了一所省属高校、辽宁省选取了一所部属高校,然后在两所高校的文科和理科专业各选择了 25 名学生进行试测。共发放问卷 100 份,回收 100 份,其中有效问卷 96 份,有效率为 96%。

学生入学信息和家庭信息两个维度的内部一致性信度的 Alpha 系数均在 0.6 左右,证明问卷的一致性比较可信。使用皮尔逊相关分析方法所作的效标效度检验得到的结果是 0.637(Sig. = 0.000)。邀请三位学科专家参与问卷设计以及两轮向六位专家征询修改建议,在很大程度上保证了问卷的内容效度。笔者对学生选择专业的影响因素的 11 个题项进行了因子分析(结果见表 3-5),修改后的因子分析结果较前一次均有提高,各变量表现出较强的线性关系,可以提取公因子进行因子分析;KMO 值提高至 0.762,并且在统计上显著;Bartlett 球形检验的观测值为 10364.969,显著水平值为 0<0.05,拒绝原假设。这说明各影响因素之间有较强的相关性,修改后的问卷的结构效度良好。

表 3-5 第二次预调研问卷学生选择专业影响因素的 KMO 及 Bartlett 检验结果

Kaiser-Meyer-Olkin Measure of Sampling	0.762	
Bartlett's Test of Sphericity	Approx.Chi-Square	10364.969
	df	55
	Sig.	0.000

最后确定的《高等学校入学机会公平学生调查问卷》由三部分构成,即个人基本信息、学生入学信息和家庭信息。其中个人入学信息和家庭信息是问卷的主体部分(见表 3-6)。

第一部分个人基本信息主要获取调查对象性别、民族、出生、户籍、居住地等自然信息。主要目的是了解调查对象的基本自然情况，以分析其对高等学校入学机会的影响。

第二部分学生个人入学信息包括就读大学、高考成绩、专业、高中经历、生活费用、贷款情况等 16 个问题。主要为获取调查对象选择进入高等学校之前个人学习情况和影响入学机会的个人因素等信息。

第三部分家庭信息主要为父母教育程度、职业、家庭经济收入、兄弟姐妹情况等 9 个问题。主要为获取被调查对象家庭层面可能影响其进入高等学校的相关因素。

表 3-6　高校入学机会公平调查问卷结构及指标

一级指标	二级指标	三级指标	题项说明
个人入学信息	生源	户籍所在地	省份及市/区/县
		户口性质	农业/非农业
		居住地	直辖市;省会城市;一般地级市;县城;农村
	高中	高中所在地	直辖市;省会城市;一般地级市;县城;农村
		高中类型	城市示范高中;城市普通高中;县级示范高中;县级普通高中;农村高中;其他
		是否党员	是/否
		担任学生工作情况	班长及以上/其他
		获得奖励情况	省级以上奖励/其他
	大学专业	就读专业	13 门类
		是否第一志愿录取	是/否
		选择专业影响因素	选择两个最重要的原因:个人兴趣、爱好;父母的选择;录取分数较低;好就业;为出国做准备;学校调剂;男/女朋友选了该专业;学费较低;该专业在全国的排名;自身特长;没有过多了解
	高考成绩	高考原始分数	—
	贷款情况	是否申请助学贷款/生活贷款	是/否

续表

一级指标	二级指标	三级指标	题项说明
家庭信息	家庭经济水平	生活费	个人大学期间月生活费
		家庭月平均收入	—
		家庭人均收入水平	按城镇居民可支配收入水平分9档
		是否获得最低生活保障金	是/否
		就读大学前是否考虑过申请贷款	是/否
		就读大学前估计月生活费途径	网络查询;向亲友打听;向在该城市就读的学长打听;学校宣传;其他;未计划过
	家庭文化水平	父母受教育程度	小学及以下;初中;高中;本科;研究生
	家庭阶层	父母职业	参考陆学艺10类阶层划分
	兄弟姐妹情况	兄弟姐妹数量	—
		兄弟姐妹中排行	—

二、分析方法

实证分析的统计方法以多元线性回归为主,为保证数据分析的稳健性,研究根据不同问题,分别使用了倾向值匹配和广义精确匹配的方法进入稳健性检验。

(一) 多元线性回归

多元线性回归模型是用于分析教育机会公平的传统方法。例如李春玲以被调查者的受教育年限作为因变量,以影响教育分配的各因素为自变量,判断教育机会不公平的变化趋势。[①] 长期以来,高考分数既是对考生基础教育阶

---

① 李春玲:《社会政治变迁与教育机会不平等——家庭背景及制度因素对教育获得的影响》,《中国社会科学》2003 年第 3 期。

段的一个检验,同时更是决定考生能否进入心仪学府的最重要的评判标准,因此,在高等学校入学机会公平的研究中,将模型中的因变量改为调查对象的高考成绩,则会使分析更有针对性与集中性。

$$zscore = \beta_0 + \beta_1 \sum Stu_i + \beta_2 \sum Home_i + \beta_3 \sum C_i + U \qquad 式(3-1)$$

$$univ\_type = \beta_0 + \beta_1 \sum Stu_i + \beta_2 \sum Home_i + \beta_3 \sum C_i + U \qquad 式(3-2)$$

式(3-1)中,因变量 $zscore$ 是被调查者的"高考成绩";自变量 Stu_i 代表"学生个人因素",变量 $Home_i$ 代表"学生家庭因素(包括文化资本、经济条件、阶层)", C_i 代表其他控制变量, U 为在模型设定之外的其他影响因素; β_0 是截距项, β_1 、 β_2 、 β_3 为各自变量的回归系数,反映了各自变量对高考成绩的影响程度。本研究中考察的学生个人因素主要有性别、获奖情况、学生干部经历等,家庭因素主要有父母受教育程度、父母职业、家庭经济水平、兄弟姐妹数量等,控制变量加入了高中学校类型、就读专业等。

(二) 倾向值匹配

倾向值匹配(Propensity Score Matching,简称 PSM)方法是一种基于反事实推断模型的统计学方法,用于处理观察研究的数据。这种方法可以减少数据偏差和混淆变量的影响,从而实现实验组和对照组之间的比较。本章第四节分析关键变量对高等学校入学机会影响的差异,使用倾向值匹配方法可以更好地剥离其他混淆变量对因变量的影响,从而更准确地分析影响因素的差异效应。

(三) 广义精确匹配

本章第五节分析高校扩招政策对农村学生上大学机会的影响时,为修正样本的自选择问题,使用了广义精确匹配(Coarsened Exact Matching,简称 CEM)方法。此方法通过精确匹配研究者选择的协变量,对不同组别中的样本进行筛选和匹配,[①]既能保留样本的基本信息,又能提升匹配的效率,从而达到限制模型依赖程度和减少平均处理效应估计误差的目的。在本研究中,广义精确匹配后保留下的匹配后的数据是通过对原始数据进行加权实现的。

第二节　学业成绩与入学机会公平

在我国当前的教育选拔体制下,高考成绩直接决定着学生能否进入高等学校、进入何种类型的高等学校。本节从高考成绩的影响因素的角度出发,分析高等学校入学机会公平的现状。

一、变量选择及定义

根据式 3-1,选择学生的高考成绩作为因变量,将高考成绩的影响因素分为个人、家庭和学校三个层面。同时将调查对象所在的大学和专业作为控制变量。各变量的具体描述见表 3-7 所示。

表 3-7　分析变量说明

变量			变量定义
因变量	高考成绩	高考成绩标准分	根据一本录取线转换为标准分
自变量	个人变量	男生	1 = 男;0 = 女
		年龄	截至 2015 年周岁
		高中是否党员	1 = 是;0 = 否
		高中获奖	1 = 获省级及以上奖励;0 = 省级以下或未获过奖
		高中学生工作	1 = 做过班长及以上工作;0 = 班长以下或没有学生工作经历

---

　　①　Blackwel,M.Iacus,S.,etc.,"CEM:Coarsened Exact Matching in Stata",*Stata Journal*,Vol.9,No.4(2009),pp.524-546.

续表

变量			变量定义
自变量	家庭变量	家庭居住地	1＝农村;0＝城镇
		父亲学历	0＝小学及以下;1＝初中;2＝高中;3＝本科;4＝研究生。取父母最高学历
		父亲职业	0＝无业;1＝工人、农民、自雇;2＝办公人员;3＝专业技术人员;4＝私营企业主及经理人员;5＝国家、社会管理者。以父亲职业为主,如父亲没有工作选择母亲职业
		家庭经济收入	0＝贫困;1＝较低;2＝中等;3＝较高
		低保	1＝是;0＝否
		兄弟姐妹数量	取值 0—4
		子女中排行	取值 1—5
	学校变量	省会高中	1＝高中位于省会;0＝高中不在省会
		示范高中	1＝示范中学;0＝非示范中学
控制变量		入学年份	1＝2014 年;2＝2015 年
		大学	取值 1—8
		专业	取值 1—13

(一) 因变量

因变量为学生的高考成绩。一方面,随着高考招生体制改革的进行,每年高考各地的考试科目、试卷、难度、各科分数都有不同;另一方面,即使在同一地区、使用同一套高考试卷,不同科目的考试由于难度不同有着不同水平的零点。换句话说,因为参照点不同,不同科目考试分数无法直接通过原始分数进行比较,"各科原始分不能直接相加,就像跳高成绩不能和跑步成绩直接相加一样"[1]。因此,因变量不能使用学生的原始高考成绩。解决办法一般有两种:第一,使用标准分。标准分表示考生的原始分数在一个群体中所处的相对位置,给出了个体在总体中的位置。具有相同参照点和等距性是标准分最大

---

[1]　黄晓慧:《标准分,还能挺多久》,2013 年 12 月 4 日,见 http://edu.people.com.cn/n/2013/1204/c1053-23737088.html。

的优点,因而可以对考生的考试得分进行比较。第二,通过标准分转换将不同科目考试成绩调整到相同参照点。国家基础教育课程教材专家工作委员会委员高凌飚认为,"使用标准分等于统一了度量衡,各科分数有了共同的参照系和等值相加的可能,从而可以保证各科在总分中的权重"[①]。本研究未在数据采集中获得学生高考的分科成绩,只获取了高考总分的原始成绩,因此无法将学生高考的分科目成绩分别进行标准分转换。对因变量高考成绩的处理方法是:首先,根据不同省份和文理科,以 2015 年该省份的一本录取线为参照点,将当年参加高考学生的高考原始成绩转换为高考标准分;然后,为解决标准分"有正、负之分,且取值较小"的限制,将标准分按照 $T = 100 \times Z + 500$ 的公式进行换算,其中 T 为转换后的高考标准分,Z 为学生高考标准分。

（二） 学生个人情况变量

学生个人情况变量除了性别、年龄这类自然情况的变量,还包括反映个人能力的变量,具体包括在高中阶段是否为党员、获奖励情况和学生工作经历情况。

高中获奖情况主要调查了对象在高中阶段获得荣誉称号和参加竞赛的情况,将获得过国家级竞赛奖项或省级竞赛奖项、省级"三好学生""优秀干部"等称号的学生归为获奖组,其他奖项或没有获过奖的学生归为未获奖组。

是否承担过学生工作反映了学生的个人工作能力,但是考虑到现在很多中小学班级中设立了较多的"官衔",这里担任学生工作情况只包括高中阶段的班级和学校的学生工作经历,担任过班级班长或副班长、学校学生会工作的学生赋值为 1,承担过其他学生工作或未承担过学生工作的学生赋值为 0。

（三） 家庭变量

家庭变量包含地理位置、家庭文化资本、社会阶层、经济资本、兄弟姐妹情况等相关变量。

　　家庭居住地分为直辖市、省会城市、一般地级市、县城、农村5个类别。生成4个虚拟变量,农村为基准组。目的是比较被调查者居住的位置是否对进入高等学校有影响。为比较城乡位置对高等学校入学机会的影响,研究者还将归类于直辖市、省会城市、一般地级市和县城的样本合并,与居住地在农村的样本进行对比分析。

　　父母的学历反映了家庭的文化资本。学历水平分为5个层次,即小学及以下、初中、高中、本科、研究生。为比较家庭的文化资本对学生学业成绩的影响,在模型中,选择了父母双方学历较高者放入变量中,并且将父母学历分为具有本科文凭以上的优势教育组和本科文凭以下的弱势教育组。

　　父母职业变量可以反映家庭的社会阶层位置。结合2015年修订后的《中华人民共和国职业分类大典》中职业分类的八大类,以及陆学艺的10类阶层划分[1],此次调查问卷将职业进一步细化为“农民(包括农林牧渔业)、工业生产工人或建筑工人、销售及服务业工人、个体工商户、企事业单位办公人员、专业技术人员(如教师、科研工作者、工程技术人员、经济师、律师、会计师、设计师、医生等)、私营企业主、企业经理人员(包括企业的厂长、书记、经理、科长、工段长)、国家与社会管理者(干部)、其他和无业”11个类别。家庭中如果父亲没有工作,则选择使用母亲的职业作为阶层变量。

　　反映家庭经济资本的变量主要是家庭人均年收入水平。在问卷设计中,研究者参考了2013—2015年中国贫困线标准、2013—2015年全国平均可支配收入和各省份农村、城镇居民可支配收入水平等,在问卷中设计了10个家庭人均年收入水平。在数据清洗时,以1200元以下的贫困水平为基准组,保留了3个虚拟变量,即19000元以下的低收入组、19001—56000元的中收入组和56001元以上的高收入组。用以分析家庭经济水平不同对学生高校入学机

---

　　① 陆学艺:《当代中国社会流动》,社会科学文献出版社2004年版,第9页。

会影响的差异。同时,分析时还加入了是否获得最低生活保障这个虚拟变量,目的是进一步确认,与其他经济水平家庭相比,经济困难对子女接受高等教育机会的差异。考虑到并不是所有经济困难的家庭都会获得最低生活保障金,将 19000 元以下的低收入家庭和获得最低生活保障金的家庭统一归为低收入组,其他家庭归为较高收入组。

家庭中兄弟姐妹数量和被调查者在子女中的排行共同反映子女数量对个体接受高等教育机会的影响。

(四) 学校变量

高中质量在很大程度上会影响学生的成绩以及升学,模型中放入了高中所在地和高中类型这两个虚拟变量。高中所在地以农村高中为基准组,高中类型以非示范高中为基准组。

同时,还将被调查者的入学年份、就读大学和所学专业 3 个变量作为控制变量放入模型中。

二、数据分析

为分析学生个人、家庭和学校因素对高考成绩的影响,这里主要使用了多元线性回归方法。为验证影响效应的稳定性,本部分使用加权最小二乘法和蒙特卡罗法进行稳健性检验。

(一) 高考成绩影响因素分析

首先,使用普通最小二乘法(OLS)对高考成绩的影响因素进行分析。为满足 OLS 方法的残差正态性假定,在保证大样本的基础上,对因变量作了对数化处理。依次将控制变量、学生入学信息变量和家庭信息变量放入模型中,回归结果见表3-8。在只放入控制变量的模型 1 中,学生的民族、所在大学、专业、文理科、生源地和高校类型均对高考成绩有显著影响。其中,文科学生的成绩明显低于理科生;部属高校学生的成绩高于省属高校,这些都与经验相一致。在性别差异方面,男女生在高考总成绩上并没有明显不同。已有研究发现男女生在高考成绩上的差异主要体现在不同的学科上,女生的语文和英语成绩比较好,而男生在数学科目上具有一定优势①;高考总成绩综合了各个科目在内,因此性别差异不明显。

在加入学生入学信息的变量后(见模型2),控制变量中所在大学、专业、文理科、生源地和高校类型几个变量依然对因变量有显著影响,民族变量对因变量的影响不再显著。农村生源平均比城市生源的高考成绩低7.1%,并且在1%的统计水平上显著。这与陈建海、高辉发现的城乡差异是影响高等教育入学机会的重要因素的观点是一致的。② 城乡间教育质量的不同,导致城乡生源在基础教育阶段就已经有了一定程度的差异,高考成绩的城乡差异实质上是基础教育质量存在差距的必然结果。甚至有学者认为,在城乡二元结构的不平衡环境下,"城乡教育、城乡学生存在的各种差距是导致城乡学生高等教育机会不平等的总体原因"③。为进一步验证这一观点,问卷设置了调查学生的高中所在地的题项,并将这一信息分为高中在省会城市(包括直辖市)和非省会城市,将这一虚拟变量放入模型,回归结果表明,在省会城市读高中的学生的高考成绩要比非省会城市的显著高6.6%。同时,来自示范高中的学生也显著高于普通高中,这进一步证明了基础教育阶段的教育对高等学校入学机会的重要影响。

具有班长以上学生工作经历的学生,其高考成绩显著高于其他学生。这是因为,一般在学校里面,老师会选择学习和自律性较好的学生负责学生

---

① 邵志芳、庞维国:《高考成绩性别差异研究的回顾与展望》,《华东师范大学学报(教育科学版)》2016年第1期。

② 陈建海、高辉:《我国高等教育入学机会的县域差异及其影响因素研究——基于甘肃2007—2016年高考录取数据的实证分析》,《高教探索》2019年第1期。

③ 马宇航、杨东平:《城乡学生高等教育机会不平等的演变轨迹与路径分析》,《清华大学教育研究》2015年第2期。

工作,承担班长、学生会主席等工作的学生整体上学习成绩较好;此外,能力强的学生往往不会因为做了更多的学生工作而影响学习,反而是在承担了比其他同学更多的工作的同时,逐渐学会了合理安排时间,不让学生工作耽误学习,甚至还会因为在做学生工作的过程中,与老师和同学之间形成了良好的人际关系,进一步提升了自身学习的兴趣和信心,从而促进学业成绩的提高。获得省级以上奖励学生的高考成绩比其他学生平均高出 8.4%。获得奖励的学生主要有三类:一是与学生工作相关的奖励,比如优秀学生干部;二是与学科竞赛相关的奖励,比如奥林匹克竞赛;三是与特长相关的奖励,比如舞蹈类、运动竞技类。前两类学生的学业成绩要远优于其他学生,这是造成获奖这一变量显著为正的主要原因。一般来说,获得过特长相关奖励的学生,学业成绩有高有低,但是本研究调查的学校的录取线基本都在"一本线"以上,能够考入这类学校的学生,其学业成绩在参加高考的所有学生中也都在中上游,因此,获得特长类相关奖励的学生学业成绩也不会很低。将获奖学生分为省级以上和省级以下奖励两组后,对比发现获得省级以上奖励整体上可以将高考成绩提高 8.4%,并且通过了显著性检验。在高中阶段是否入党与高考成绩之间没有发现明显的关系。按照规定,年满 18周岁的学生才有入党资格,高中阶段学生入党的数量也很有限,本研究的调查对象中,高中入党学生的占比只有 1.29%,较低的比例可能是造成回归系数不显著的重要原因。

模型 3 是在模型 2 的基础上加入学生家庭信息变量。在模型 2 中对因变量具有较显著影响的学生个人入学信息的相关变量,依然保持着统计上显著的作用,而且其参数效应的绝对值有所提高。贫困家庭是虚拟变量,家庭人均年收入在 19000 元以下或者属于最低收入保障的家庭界定为贫困家庭,它反映的是家庭经济水平对高考成绩的影响。考虑到申请贷款也可以反映学生的家庭经济水平,但是有的学生可能不是因为经济原因选择申请助学贷款,所以,笔者将申请贷款的虚拟变量也放入模型 3 中。回归结果显示,这两个变量均对高考成绩有较显著的负向影响,这说明家庭的经济水平越高,学生的高考成绩就可能更高。这主要是因为经济水平好的家庭能够提供给子女良好的教育资源,尤其是学校教育以外的选择性教育资源,而经济水平较差的家庭无力提供给子女额外的课后学习资源,对这样的家庭来说,学业成绩的高低主要取决于学生的个体能力和努力程度。申请贷款的学生平均要比没有申请贷款学生的高考成绩低 2.4%,可能的原因是,当前大学生选择贷款主要受经济原因的影响,只要有一定的支付能力,家长更愿意一次性支付子女的大学相关费用,而不考虑申请贷款。所以,申请贷款对高考成绩的负向影响,实际上反映的仍然是家庭经济水平的作用。父母受教育程度使用的是父母中较高水平一方的教育程度,也就是家庭提供给子女最高的教育背景支持性,统计结果证明,家庭的教育背景越强,子女的高考成绩就越高。那些受教育程度较高的家长,尤其是从事科研、教育相关工作的家长会在子女的成长过程中,给予长期、有效的学习示范或引领,"在培养子女的学习能力、应试技巧、心理调节能力等方面具有很强的优势"[1]。根据人力资本理论的观点,受教育程度较高的人,往往会拥有较高的收入回报和更多的人脉关系,这又进一步为这个群体的子女提供了有形和无形的优势教育资源。优势的阶层地位与家庭较高的受教育因素相结合,又会进一步强化子女能够享受到的优势资源。家庭中兄弟姐妹的数量也会对学生的学业成绩产生影响,在家庭能够提供给子女的教育资源总量有限的条件下,子女数量越多,每个子女能够得到的平均教育资源就会越少。模型 3 中兄弟姐妹数量对高考成绩的负向影响,以及独生子女变量对高考成绩的正向影响,都证明了家庭中子女数量对学业成绩的重要影响。这也是为什么一些家庭在无力负担所有子女接受高等教育的时候,往往会选择只供学习成绩最好的子女读书,在重男轻女观念较重的家庭可能会选择只供男孩子继续读书。

---

[1]　马宇航、杨东平:《城乡学生高等教育机会不平等的演变轨迹与路径分析》,《清华大学教育研究》2015 年第 2 期。

表 3-8　线性回归结果

变量		OLS 模型 1	OLS 模型 2	OLS 模型 3	WLS 模型 4	WLS 模型 5	WLS 模型 6
因变量		标准成绩对数					
控制变量	男生	0.004 (0.089)	0.002 (0.009)	0.003 (0.010)	0.002 (0.009)	0.002 (0.009)	0.006 (0.009)
	汉族	0.015* (0.010)	0.010 (0.008)	0.010 (0.017)	0.023*** (0.016)	0.018*** (0.014)	0.020*** (0.015)
	年龄	0.003 (0.004)	0.004 (0.004)	0.006 (0.004)	0.002 (0.004)	0.003 (0.004)	0.004 (0.004)
	所在大学	−0.010*** (0.002)	−0.010*** (0.002)	−0.012*** (0.002)	−0.011*** (0.002)	−0.010*** (0.002)	−0.010*** (0.002)
	专业	−0.025*** (0.001)	−0.023*** (0.001)	−0.022*** (0.002)	−0.030*** (0.001)	−0.028*** (0.001)	−0.028*** (0.001)
	文科	−0.237*** (0.011)	−0.215*** (0.011)	−0.215*** (0.011)	−0.252*** (0.009)	−0.263*** (0.010)	−0.268*** (0.010)
	生源地	−0.006*** (0.010)	−0.005*** (0.010)	−0.007*** (0.001)	−0.007*** (0.001)	−0.006*** (0.001)	−0.007*** (0.001)
	部属高校	0.102*** (0.014)	0.106*** (0.014)	0.109*** (0.016)	0.125*** (0.013)	0.103*** (0.014)	0.109*** (0.014)
入学信息变量	农村户口	—	−0.071*** (0.009)	−0.078*** (0.012)	—	−0.079*** (0.010)	−0.082*** (0.014)
	非志愿调剂	—	0.068*** (0.009)	0.078*** (0.010)	—	0.071*** (0.003)	0.076*** (0.003)
	省会高中	—	0.066*** (0.015)	0.068*** (0.013)	—	0.081*** (0.007)	0.078*** (0.005)
	示范高中	—	0.034*** (0.009)	0.040*** (0.010)	—	0.093*** (0.009)	0.090*** (0.009)
	党员	—	0.018 (0.026)	0.027 (0.029)	—	0.025 (0.020)	0.023 (0.021)
	学生工作	—	0.020** (0.010)	0.026** (0.012)	—	0.027** (0.011)	0.023** (0.012)
	获奖	—	0.084*** (0.016)	0.091*** (0.011)	—	0.131*** (0.016)	0.125*** (0.014)

续表

变量		OLS	OLS	OLS	WLS	WLS	WLS
		模型 1	模型 2	模型 3	模型 4	模型 5	模型 6
家庭信息变量	申请贷款	—	—	−0.024** (0.012)	—	—	−0.030** (0.011)
	父母受教育程度	—	—	0.032*** (0.005)	—	—	0.082*** (0.005)
	优势阶层	—	—	0.048*** (0.013)	—	—	0.066*** (0.015)
	兄弟姐妹	—	—	−0.029*** (0.009)	—	—	−0.025*** (0.009)
	独生子女	—	—	0.038** (0.015)	—	—	0.037** (0.016)
	贫困家庭	—	—	−0.075*** (0.018)	—	—	−0.088*** (0.017)
样本量		9760	9732	9637	9760	9732	9637
调整 R^2		0.181	0.201	0.264	0.248	0.285	0.320

注:括号内为回归标准误差; * 代表 $p<0.1$, ** 代表 $p<0.05$, *** 代表 $p<0.01$。

　　使用普通最小二乘法得到的大多数回归效应通过了统计上的显著性检验,为确保结果的准确性,这里对模型 3 进行了多重共线性检验和异方差检验。方差膨胀因子(Variance Inflation Factor,VIF)的平均值为 1.5,说明该模型不存在多重共线性问题。接着,使用怀特信息矩阵方法检验模型的异方差问题,得到的卡方值为 999.42(P 值 0.0000),说明存在异方差问题。为缓解异方差问题导致的估计结果不准确,分别使用加权最小二乘法对模型 1—模型 3 重新进行估计,得到表 3-8 中模型 4—模型 6 的结果。修正后的回归模型的拟合优度均有了明显提升,本研究选取的解释变量对高考成绩的解释力提高。在加权最小二乘法的回归模型中,民族变量对学生高考成绩的影响达到了较显著水平,汉族学生的成绩平均比少数民族学生高 2% 左右。本研究调查的部分少数民族学生来自少数民族聚居地区,这些学生的母语并不是汉语,而高考的语文试卷都要用汉语作答,这对少数民族学生而言是语言上的劣势。而且,部分少数民族聚居地区的教育质量与其他地区,尤其是发达地区有一定差距,这也会影响少数民族学生的高考成绩。但是,从模型拟合的结果来看,少数民族学生整体上与汉族学生的高考成绩只相差2%左右,这个差距并不是很大。除了党员变量外,学生个人信息和家庭信息的各个变量仍然对高考成绩具有显著的作用,这也进一步证明了回归结果的稳健性。其中,学生所在高中是否为示范高中,对高考成绩影响的效应明显提高,在其他因素不变的条件下,示范高中的学生整体上比非示范高中的学生的高考成绩显著高出9%左右。

（二）关键变量稳健性检验

前面基于 OLS 和 WLS 方法的实证研究发现,城乡生源、示范高中、家庭经济、家庭教育和阶层等因素对学生的高校入学机会有着显著影响。或者说,来自城市或农村、是否示范高中、不同家庭背景的学生,他们进入高等学校的机会也是不一样的。这种说法是否可信? 这里利用蒙特卡罗排列检验方法,验证各影响因素在高等学校入学机会上的差异性。为分析城乡生源、示范高中、家庭经济、家庭教育、家庭阶层等对高考成绩影响因素的差异,仍然使用加权最小二乘回归模型。除家庭教育因素使用优势家庭教育的二值变量外,其他变量均与表 3-8 中的模型 6 相同。同时,选择非参数的蒙特卡罗检验（Monte Carlo Test）作为判断回归系数稳健性的检验方法。蒙特卡罗检验不要求零假设是因变量正态分布,这种方法是从相同的总体中多次重复抽样,然后观察统计量在这些抽样样本上的表现来获得检验结果,如表 3-9 所示。

表 3-9　高考分数影响因素的差异结果

影响因素	WLS 回归系数检验	蒙特卡罗检验
农村生源	-0.089^{***} （0.011）	-0.063^{***}
示范高中	0.118^{***} （0.010）	0.094^{***}

续表

影响因素	WLS 回归系数检验	蒙特卡罗检验
贫困家庭经济	-0.116^{***} （0.017）	-0.104^{***}
优势家庭教育	0.094^{***} （0.012）	0.096^{***}
优势家庭阶层	0.080^{***} （0.016）	0.066^{***}
样本量	9637	—
调整 R^2	0.264	—

注：括号内为标准误差；***代表 $p<0.01$。

第三节　高校类型与入学机会公平

尽管都考入了大学，但是学生就读的高校类型是不一样的。这一节首先以高校类型为因变量，分析进入部属和省属高校的影响因素，然后以城乡、高中类型、家庭等作为关键因素，进一步对进入不同类型高校的影响进行差异性分析。

一、变量与模型

本研究选取的 8 所高校中，部属高校都是国家"985"或"211"工程学校，省属高校都是非"985"或"211"工程学校，前者事实上就是百姓心目中的"重点"高校。将这一因素作为因变量，实质上比较的就是影响学生考入优质高校与普通高校的不同因素。式（3-3）中，因变量 BS 为二分变量，表示是否为部属高校。自变量 Stu_i 代表学生个人因素，变量 $Home_i$ 代表学生家庭因素（包括文化资本、经济条件、阶层），C_i 代表其他控制变量，U 为在模型设定之外的其他影响因素；β_0 是截距项，β_1、β_2、β_3 为各自变量的 Logistic 回归系数，反映了各因素对进入部属高校和省属高校影响的差异。

$$BS = \beta_0 + \beta_1 \sum Stu_i + \beta_2 \sum Home_i + \beta_3 \sum C_i + U \qquad \text{式（3-3）}$$

模型中的因变量为虚拟变量,适合选用 Logistic 回归方法进行回归。另外,与其他回归方法相比,Logistic 回归方法不需要满足(1)自变量与因变量之间的线性关系;(2)变量(尤其是因变量)的正态分布;(3)方差齐性的若干假定,更具有方法上的优势。

自变量选择与本章第二节普通最小二乘法使用的变量大致相同。考虑到学生年龄变量对学生进入不同类型高校的影响非常小且不显著,故删掉了这个变量。申请贷款这一变量主要反映的是学生家庭的经济因素,而且回归结果中该变量的回归效应较小,故在本部分也将此变量删掉。学生高考成绩是进入高校的决定性因素,在这里作为控制变量放入模型中。本章第二节的其他自变量均保留在模型中。Logistic 回归的具体结果见表 3-10。

表 3-10　高校类型影响因素 Logistic 回归结果

变量		回归结果				
		Logistic 回归（1）	稳健 Logistic 回归（2）	省份聚类稳健标准误（3）	所在大学聚类稳健标准误（4）	专业聚类稳健标准误（5）
		OR 比值比	OR 比值比	稳健标准误	稳健标准误	稳健标准误
控制变量	男生	0.860 (0.105)	0.860 (0.101)	(0.144)	(0.049)	(0.094)
	汉族	9.89*** (3.07)	9.89*** (2.52)	(4.536)***	(4.148)***	(3.770)***
	所在大学	0.512*** (0.031)	0.511*** (0.039)	(0.127)**	(0.379)**	(0.113)***
	专业	1.110*** (0.024)	1.110*** (0.023)	(0.051)**	(0.024)***	(0.041)**
	文科	1.052 (0.148)	1.052 (0.149)	(0.505)	(0.332)	(0.309)
	生源地	1.528*** (0.026)	1.528*** (0.036)	(0.161)***	(0.248)***	(0.087)***
	高考成绩对数	4.580*** (0.794)	4.580*** (1.023)	(2.192)***	(2.272)***	(2.440)**

续表

变量		回归结果				
		Logistic 回归 （1）	稳健 Logistic 回归 （2）	省份聚类 稳健标准误 （3）	所在大学聚类 稳健标准误 （4）	专业聚类 稳健标准误 （5）
		OR 比值比	OR 比值比	稳健标准误	稳健标准误	稳健标准误
入学信息变量	农村户口	0.839 (0.131)	0.833 (0.126)	(0.113)*	(0.086)*	(0.072)*
	非志愿调剂	1.117 (0.117)	1.118 (0.125)	(0.177)	(0.052)	(0.026)
	省会高中	0.774*** (0.053)	0.774*** (0.049)	(0.016)***	(0.041)***	(0.046)***
	示范高中	2.501*** (0.304)	2.501*** (0.290)	(0.044)***	(0.041)***	(0.0412)***
	党员	0.736 (0.244)	0.734 (0.223)	(0.200)	(0.156)	(0.217)
	学生工作	1.183*** (0.079)	1.177*** (0.071)	(0.094)**	(0.096)*	(0.092)*
	获奖	2.456*** (0.095)	2.455*** (0.091)	(0.066)***	(0.058)***	(0.096)***
家庭信息变量	父母受教育程度	1.554*** (0.053)	1.553*** (0.061)	(0.075)***	(0.107)***	(0.074)**
	优势阶层	1.958*** (0.029)	1.958*** (0.028)	(0.075)***	(0.087)***	(0.140)**
	兄弟姐妹	0.704*** (0.026)	0.704*** (0.026)	(0.088)***	(0.131)***	(0.138)***
	独生子女	1.351** (0.112)	1.345** (0.143)	(0.156)**	(0.131)**	(0.163)*
	贫困家庭	0.658*** (0.075)	0.659*** (0.065)	(0.086)***	(0.087)***	(0.094)*
样本量		9640	9640	9640	9640	9640
伪拟合优度 Pseudo R^2		0.657	0.657	0.657	0.657	0.657

注：括号内为回归标准误差；*代表 $p<0.1$，**代表 $p<0.05$，***代表 $p<0.01$。

二、进入不同类型高等学校的影响因素分析

首先将所有观测变量和控制变量放入模型中,得到表 3-10 第(1)列 Logistic 回归的比值比结果(OR 值)。比值比结果回答的是,在其他因素不变的情况下,自变量每变化 1 个单位,因变量发生变化的比例。在学生入学信息变量中,高中是否在省会、示范高中对因变量的影响都在 1% 水平上显著,尤其是后者的影响更大,示范高中学生比非示范高中学生进入部属高校的机会大1.5 倍。一方面,能够进入示范高中的学生往往是当地中考成绩较好的优质生源,在"起点"上就高出其他学校的学生;另一方面,示范高中的教育资源、教育质量优于普通高中,原本成绩较好的学生通过三年的优质高中教育以后,有取得更高高考成绩的优势。而且,那些在高中阶段获得省级以上奖励的学生,主要以获得非特长类的数学、化学竞赛等奖励为主,这些学生更是高中阶段在学业成绩方面的佼佼者。所以,模型(1)中获得竞赛奖励的学生考入部属高校的机会是其他学生的 2.46 倍。在高中阶段是否有过学生工作经历显著影响学生能否进入部属高校,但是这个影响效应并不大,这些学生的机会比没有过学生工作经历的学生只高出约 0.18 倍。城乡生源、是否服从专业调剂以及学生党员这几个变量对考入不同类型高校的影响差异不大。

放入模型中的 5 个家庭信息自变量均通过了显著性检验。这里将父母受教育程度从小学及以下到研究生分为五个层次,作为连续变量放在模型中。模型(1)显示,父母的受教育程度每提高一个水平,子女进入部属高校的机会会提升大约 55%。为更清晰地比较家庭经济水平对高校入学机会的影响,使用富裕家庭①虚拟变量规制家庭贫困变量,其他自变量和因变量保持不变,得到富裕家庭的回归 OR 值为 2.14,回归结果在 1% 水平上显著。这足以说明来自富裕家庭的子女在进入优质高等学校上的优势,如果将界定富裕家庭标准

---

① 笔者综合了 2015 年农民人均纯收入水平和城镇居民可支配收入,将家庭人均年收入分为五组,人均年收入在 56000 元以上的家庭界定为"富裕家庭"。

的水平再提高一些,得到的 OR 值很可能会更高。家庭中兄弟姐妹数量越多,学生进入部属高校的机会就会相应更低。

为保证回归结果的准确性,分别对 Logistic 回归模型(1)进行了拟合度和多重共线性检验。首先,使用 HL(Hosmer-Lemeshow)检验得到的卡方值为79.88(P=0.281),ROC 曲线面积达到 0.867,说明此模型的拟合度比较理想。接着,对模型(1)进行了多重共线性检验,VIF 平均值为 1.57,说明不存在多重共线性问题。为确保结果的稳定性,在模型(1)的基础上进行了稳健性 Logistic 回归,得到了表 3-10 中模型(2)的结果。模型(2)的稳健性回归结果与模型(1)基本一致,各个自变量的参数和显著性基本保持不变。

尽管模型通过了多重共线性检验,但是根据现实经验可知,来自同一个省份的学生参考的是同一个高校录取分数线。同样地,来自同一所高校的学生,他们的共性会更强。本研究的样本来自不同地区、不同高校,可能存在着来自同一个省份或同一所学校的学生存在组内相关的问题。如果这个可能性成立,就会造成模型回归结果的不准确。所以分别使用生源地、所在大学、专业作为聚类变量分别计算聚类稳健标准误,见表 3-10 中模型(3)—(5)。因为模型(3)—(5)的回归系数均与模型(2)相同,因此表 3-10 只显示了聚类稳健标准误。从三组稳健标准误的结果来看,模型中各个自变量的回归系数的显著性水平变化不大。其中,变化较明显的有两个变量:一是拥有农村户口对进入高校类型的影响从不显著变为达到 10% 水平上显著,但影响效应没有变化。我国长期存在的以城市为中心的二元体制,是造成城乡教育存在较大差距的重要原因。尽管近年来,教育部不断通过各种倾斜政策或项目,力图缩小城乡学生进入高等学校的机会,但是,长久以来形成的农村较薄弱的基础教育质量仍会在相当长时期内降低农村学生的学业水平,越是在更高阶段的教育中这种影响越明显。二是随着稳健标准误模型的加入,学生工作经历变量对因变量的影响显著性逐渐减弱,在模型(5)中该变量回归系数维持在 10% 的显著性水平。

从 Logistic 模型的回归结果来看,示范高中、家庭经济、家庭教育、阶层情况这几个变量对学生进入高校类型有着比较大的影响。城乡差异的影响没有前面其他几个变量大,但是在稳健标准误模型中城乡差异也表现出了较显著的作用。而且,高等学校在入学机会上的城乡差异一直是社会关注的问题,所以,对城乡差异的分析是有意义的。接下来会针对城乡、示范高中、家庭经济、家庭教育、阶层这几个变量,对学生进入不同类型高校的影响的差异性进行分析。

高校类型变量仍然使用部属高校和省属高校的分类变量,城乡生源、示范高中、家庭经济、阶层变量与前面相同。为进行差异分析,将接受过大学及以上教育的归为优势家庭教育组,得到优势家庭教育组的二值虚拟变量。这些变量均为二值变量,在分析各因素在高校类型的差异性上,选择使用卡方检验和费舍尔精确检验(Fishier Exact Test)方法。卡方检验是非参数检验,用于比较两个分类变量的关联性程度。卡方值越大,表明两个变量的关联性越大;反之,二者的关联性越小。费舍尔精确检验也叫强零假设检验,用来判断两个二值变量间是否存在非随机的相关性。费舍尔检验结果越小说明两个变量之间的关联性越强。这两种方法经常被用于判断统计结果的显著性。

考虑到篇幅限制,表3-11中只呈现了本部分关注的5个关键变量作用于高校类型的差异性的结果①,卡方检验和费舍尔精确检验的结果都证明城乡生源、示范高中、贫困家庭、优势家庭教育、优势家庭阶层与高校类型之间具有较显著的关联性,各相关性都通过了统计上1%水平的显著性检验。

城乡学生在进入不同类型的高校机会上,仍然存在差异,农村学生占城市学生机会的80%左右。在所有影响因素中,学生是否来自示范高中对能否进入部属高校的影响作用最大,示范高中学生考入部属高校的机会是非示范高中学生的2.07倍。可以说,学生进入大学以前十几年的学习是高考前的准备阶段,其中高中的三年更是准备阶段中尤为重要的"冲刺"时期。而示范高中

---

① 此处 Logistic 回归模型中使用的家庭教育变量为二值变量,故回归系数并不与表3-3完全一致。

一般都是集中了当地优质教师、生源和教育资源的学校,三年的"优质"学习也更可能使学生在高考中考出好成绩。因此,考入一所好高中是所有学生及其家长的愿望,为的就是在高考中取得更高的分数、考入更好的大学。

在学生家庭背景的三个变量里,拥有优势家庭教育和优势阶层背景的学生进入部属高校的机会较高。在现实中,家庭的经济、教育和阶层背景是相互作用的。"父母文化资本和经济资本的提升将会明显增加其子女接受高等教育机会的优势,也会增加子女接受中等教育的可能性。"①这三个因素同时影响着家庭在子女进入高等学校之前,能够提供何种水平的教育资源。随着社会发展水平的提高、社会收入差距的拉大,家庭背景对学生学业的影响逐渐增大。

表 3-11　高校类型影响因素的差异结果

影响因素	Logistic 回归系数	卡方检验 Chi2	费舍尔精确检验显著性
农村生源	0.801*	109.893***	0.000***
示范高中	2.066***	230.096***	0.000***
贫困家庭经济	0.659***	36.183***	0.000***
优势家庭教育	1.973***	122.703***	0.000***
优势家庭阶层	1.957***	73.197***	0.000***
样本量	9640		
伪拟合优度	0.657		

注: * 代表 p<0.1, ** 代表 p<0.05, *** 代表 p<0.01。

第四节　定向招生计划与入学机会公平

2014 年 9 月,《国务院关于深化考试招生制度改革的实施意见》将促进公平公正作为改革的基本价值取向。文件中明确提出要"增加农村学生上重点

---

① 郭丛斌、闵维方:《家庭经济和文化资本对子女教育机会获得的影响》,《教育研究》2006年第 11 期。

高校人数"。国家通过国家专项计划、地方专项计划和高校专项计划,有计划地逐步提高优质高校招收农村和贫困地区学生的比例。在这几个专项计划的实施下,我国高等学校入学人数中农村学生的比例有所提升。前面的实证研究已经发现,城乡生源在高校类型和高考成绩上是有一定差距的,那么,在定向招生计划的实施下,农村学生进入优质高校的机会是否有所改变? 这是本部分要回答的问题。

一、倾向值匹配与模型

为相对客观地评价定向招生计划对高等学校入学机会的作用,研究选择倾向值匹配的方法进行评价。倾向值匹配(Propensity Score Matching,简称PSM)是一种基于反事实推断模型的统计学方法,用于处理观察研究的数据。在观察研究中,这种方法可以减少数据偏差和混淆变量的影响,从而对实验组和对照组进行比较。本研究中,高校定向招生计划的实施受到学生自我选择、地域差异、高中教育质量、家庭背景等多种因素干扰,接受定向招生计划和未接受计划的学生的初始条件差异很大,这样就无法做到将学生随机分配到接受计划和未接受计划两组中获得平衡数据,也就是非随机性和样本选择偏差的存在。利用倾向值匹配回归模型可以比较有效地"解决干预分配不可忽略条件下的数据平衡问题"①,在分析关键变量对高等学校入学机会影响的差异时,使用倾向值匹配方法可以更好地剥离其他混淆变量,从而更准确地分析影响因素的差异效应。

本研究中的倾向值是在给定样本特征 Stu(学生个体统计学特征)、Sch(学校特征)、Home(家庭特征)的前提下,将学生分配到定向招生计划组的条件概率。干预变量取值为 1 时表示定向招生计划组,取值为 0 时表示非定向招生计划组,可以通过 Logit 回归方法估计倾向值。将学生个体是定向招生

---

① Marco,C.,Sabine,K.,"Some Practical Guidance for the Implementation of Propensity Score Matching",*Journal of Economic Surveys*,Vol.22,No.1(2008),pp.31-72.

计划组（即干预值为 1）的概率设为 P，则计算倾向值的 Logit 回归模型为：

$$Logit(P) = \ln\left(\frac{p}{1-p}\right) = \beta_0 + \beta_1 Stu + \beta_2 Sch + \beta_3 Home \qquad \text{式（3-4）}$$

通过指数变换，式（3-4）可以转化为：

$$P = \frac{exp(\beta_0 + \beta_1 Stu + \beta_2 Sch + \beta_3 Home)}{1 + exp(\beta_0 + \beta_1 Stu + \beta_2 Sch + \beta_3 Home)} \qquad \text{式（3-5）}$$

式（3-4）和式（3-5）中，P 为倾向值，β_0 为截距项，β_1、β_2、β_3 分别为模型中各协变量的回归系数，Stu、Sch、$Home$ 分别表示学生个体特征、学校特征和家庭特征的协变量。通过对协变量的控制，"匹配后各混杂因素在处理组与控制组之间的分布将趋于一致"[①]，可以实现定向招生计划组和非计划组的近似随机实验，得到定向招生计划效应的无偏的估计结果。

本部分倾向值匹配的步骤分为四步：第一步，使用 Logit 回归模型，估计出每个样本学生被分配到定向招生计划组的倾向值；第二步，基于计算出的倾向值，使用卡尺匹配（caliper matching）、最近邻匹配（nearest-neighbor matching within caliper）、内核匹配（kernel matching）等方法，在实施定向招生计划和未实施计划的两个群组中，找出倾向值最接近的样本对象；第三步，平衡性检验，检查匹配的两组样本在所有协变量上的分布是否较好地平衡了数据；第四步，利用通过检验的匹配样本来估计定向招生计划对高等学校入学机会的影响效应。

二、样本与变量选择

本部分的样本对象选择的是课题组问卷调查中 2014 年和 2015 年入学的本科生，剔除有缺失值的样本后，保留 1730 名 2014 年入学的学生和 2484 名 2015 年入学的农村生源学生。以 2014 年作为落实《国务院关于深化考试招

---

① 孟瑞华、杨向东：《"流动"对儿童学业成绩的影响效应——基于倾向分数配对模型的估计》，《全球教育展望》2019 年第 7 期。

生制度改革的实施意见》的时间分界点,2014 年当年入学的学生为未受定向招生计划影响的对象,2015 年入学的学生为受到该计划影响的对象。如表3-12 所示。

表 3-12　定向招生计划样本描述统计表　　　　（单位:人）

项目		东部高校	中部高校	西部高校	总数
入学年份	2014 年	407	606	717	1730
	2015 年	583	719	1182	2484
高校类型	部属	168	954	59	1181
	省属	822	371	1840	3033
性别	男生	357	465	670	1492
	女生	633	860	1229	2722
总计		4214			

因变量为学生高考成绩标准分/高校类型;自变量是定向招生计划,该变量为二值变量,用于测量定向招生计划对高等学校入学机会的影响效应。Imbens 认为,协变量要选择对自变量有影响但不受自变量影响的,并且影响因变量的变量,特别是要剔除掉那些受到自变量影响的协变量。[①] 另外,使用倾向值匹配模型时,应该将与干预分配无关但与估计结果相关的协变量放到模型中,这样可以在不增加偏差的同时降低估计的干预效果方差,[②]得到的结果也越接近随机试验的结果。根据已有相关研究,学生个体、学校和家庭因素都会对学生进入高校的机会有所影响,所以,本研究计划将 16 个协变量放入模型中,分别是学生的性别、民族、所在省份、示范高中、高中是否为党员、高中学生工作、高中获奖、所在高校、高校类型、专业、是否调剂、文理科、优势家庭教育、优势家庭阶层、贫困家庭、兄弟姐妹数量。

---

① Guido W.Imbens,"Nonparametric Estimation of Average Treatment Effects under Exogeneity:A Review",*The Review of Economics and Statistics*,Vol.86,No.1(2004),pp.4-29.

② Fu Alex Z.、唐艳、陈刚:《倾向得分法综述》,《中国药物经济学》2008 年第 2 期。

三、倾向值估计结果

首先,采用 Logit 模型估计的概率值获得倾向值得分。模型中的因变量为二值变量高校类型,取值为 1 表示进入部属高校,取值为 0 表示进入省属高校。协变量是包括学生个人、学校和家庭三个层面的影响高校入学机会的 16 个变量。从拟合的 Logit 模型估计结果来看(见表 3-13),LR 卡方值为 299.18,并且在 1%的水平上显著;伪拟合优度 R^2 达到了 3.69%,可以认为该模型纳入的变量对样本能否进入部属高校具有一定的预测力。

表 3-13　预测倾向值得分的 Logit 模型结果

解释变量	回归系数	边际效应
男生	−0.022(0.069)	−0.014(0.046)
汉族	0.089(0.121)	0.193(0.263)
所在大学	0.024(0.017)	0.037(0.027)
专业	−0.062(0.011)***	−0.007(0.001)***
文科	−0.649(0.082)***	−0.006(0.001)***
生源地	−0.024(0.121)***	−0.026(0.007)***
高考成绩对数	0.073(0.037)**	0.081(0.041)**
非志愿调剂	−0.151(0.070)	−0.004(0.002)
示范高中	0.211(0.070)***	0.058(0.019)***
党员	0.028(0.216)	0.010(0.008)
学生工作	0.082(0.130)	0.040(0.063)
获奖	0.089(0.019)***	0.099(0.021)***
优势家庭教育	0.279(0.086)***	0.024(0.007)***
优势阶层	0.211(0.090)**	0.001(0.000)**
兄弟姐妹	−0.133(0.045)***	−0.011(0.004)***
贫困家庭	−0.079(0.014)***	−0.035(0.006)***
样本量	4214	—
LR chi2	585.920	—

注:括号内为回归标准误差;* 代表 p<0.1,** 代表 p<0.05,*** 代表 p<0.01。

从表 3-13 的回归结果来看,专业、文理科、所在省份(生源地)、高考成绩、高中类型、高中获奖情况以及家庭层面的教育、阶层和兄弟姐妹数量,都对因变量有较显著影响。在其他条件相同的前提下,示范高中的学生进入部属高校的机会比非示范高中的学生高 21.1%。家庭背景变量中,父母更高的受教育程度和更好的阶层都会使其子女考入部属高校的机会增加 27.9% 左右,相较于经济条件较好的学生,来自贫困家庭的子女进入部属高校的机会要低 7.9%。

四、倾向值匹配及平衡性检验

得到了倾向值以后,使用不同的匹配方法,匹配的精度和样本数量都有一定差异,需要根据使用数据的具体情况来选择匹配方法。根据陈强的建议,存在较多具有可比性的控制组个体,可以使用一对多匹配或核匹配,[①]从而达到提高匹配效率的目的。根据本研究数据的特点,分别使用卡尺匹配(caliper matching)(卡尺范围 0.01)、k 近邻匹配(neighbor matching within caliper)(k = 4)、核匹配(kernel matching)三种方法进行匹配。三种方法得到的匹配结果比较接近,平均处理效应 ATT 值在 0.0353—0.0345 之间,均达到了 95% 水平上的显著,这说明定向招生计划对结果变量有显著的影响,三种匹配方法较为接近的统计量也证明估计模型和结果是稳健的。

然后,在通过平衡性检验进行其他估计以前,还需要进行各协变量在实验组和控制组之间是否变得平衡的检验,即平衡性假设检验,这也是使用倾向值匹配方法首先要满足的条件。如果通过检验,说明匹配后实验组和控制组的混淆因素不存在系统差异。表 3-14 给出了 17 个协变量在倾向值匹配前后的均值差异、偏差下降百分比和匹配后的 P 值。在使用核匹配方法进行匹配之前,学生个人、学校、家庭层面的多个变量在匹配前的实验组和

---

① 陈强:《高级计量经济学及 stata 应用》,高等教育出版社 2014 年版,第 545 页。

对照组之间具有显著的差异。匹配以后,除了高考成绩变量外,其他协变量均值偏差变化程度均超过了58%,同时,两组变量的标准偏差均控制在10%以下。匹配后,定向计划组(即实验组)与未定向计划组(即控制组)的匹配变量均不存在系统差异,满足平衡性假设条件。经过核匹配以后,总体来看匹配样本的伪拟合优度从0.037下降到0.001,证明使用倾向值匹配以后的协变量对结果效应产生的影响非常小。以上这些都说明模型的平衡效果良好,通过了平衡性检验。

表3-14 匹配前后协变量均值偏差及组间差异检验结果(核匹配法)

协变量	均值				偏差下降(%)	匹配后P值
	定向计划组		未定向计划组			
	匹配前	匹配后	匹配前	匹配后		
男生	0.354	0.354	0.353	0.357	−225.000	−0.190
汉族	0.911	0.911	0.919	0.910	88.700	0.110
所在大学	5.297	5.298	4.957	5.255	87.500	0.590
专业	7.217	7.222	7.515	7.303	72.700	−0.830
文科	0.357	0.357	0.461	0.354	96.800	0.240
生源地	13.356	13.360	14.721	13.601	82.300	−1.140
高考成绩对数	6.305	6.306	6.291	6.296	33.200	1.010
非志愿调剂	0.449	0.450	0.509	0.465	74.800	−1.040
示范高中	0.454	0.454	0.503	0.468	71.200	−0.980
党员	0.018	0.018	0.029	0.021	72.000	−0.730
学生工作	0.240	0.240	0.243	0.242	58.800	−0.290
获奖	0.342	0.342	0.318	0.344	93.400	−0.120
优势家庭教育	0.221	0.221	0.224	0.231	−239.000	−0.820
优势阶层	0.103	0.103	0.089	0.104	93.500	−0.110
兄弟姐妹	1.837	1.837	1.917	1.835	97.200	0.100
贫困家庭	0.057	0.057	0.064	0.057	93.800	0.060

五、匹配后的定向招生计划影响效应分析

在协变量通过了平衡性检验之后,就可以通过比较匹配样本中受定向招生计划影响的学生与未受该计划影响的学生在能否进入部属高校上是否存在显著的差异。表3-15比较了匹配前后高校定向招生计划对农村学生进入高校机会影响的回归结果。使用核匹配和卡尺匹配后的数据进行 Logit 回归,定向招生政策能够使农村学生进入部属高校的机会显著地提高38.5%左右,这个结果比未匹配之前的机会高出2%。为进一步确保计量结果的稳健性,将实验组和控制组的学生进行了一对一匹配,匹配后的回归发现干预效应提升至40.3%。这些都说明,2014 年国家提出的定向招生政策,对提高农村学生考入部属高校的机会起到了明显的促进作用。

表3-15 定向招生政策对进入部属高校的影响

估计方法	回归系数	标准误	P 值	样本量
Logit	0.365	0.136	0.003	4214
核匹配	0.385	0.132	0.003	3990
卡尺匹配	0.384	0.131	0.004	3989
一对一匹配	0.403	0.134	0.001	3242

第五节　城乡差别与入学机会公平

本节主要使用中国综合社会调查(以下简称 CGSS)2015 年的公开数据,关注城乡间高等学校入学机会公平问题,以及高校扩招政策对高等教育学历的城乡差异的影响。

一、数据处理及变量选择

2015 年 CGSS 调查采用了多阶分层 PPS 随机抽样方法,调查覆盖全国 28 个省份的 478 个村居,数据可以比较好地代表我国社会各方面情况。研究高等学校入学机会,这部分对象的年龄一般是在 16 岁以上。此外,研究教育对工作的影响,只关注"60 后"至"90 后"群体。因此,样本中只保留出生年份为 1960—1997 年的被调查者。将所有个人教育程度回答为"无法回答"和"其他"的观测对象删除。在处理父亲的就业状况和职业的变量时,使用母亲的信息来替代"无法回答""其他"和"父亲去世"的选项。经过数据清洗,进入本节研究的样本量为 6579 个。表 3-16 列出了本节使用的变量及其定义。所有变量均来自 2015 年 CGSS 的数据,其中,教育程度是在原始数据 14 个分类的基础上,重新归类为 7 个教育水平;政治面貌是在原始数据 5 个分类的基础上,重新归类为党员和非党员两个类别。各变量的特征描述具体见表 3-17。

表 3-16　城乡差别与入学机会的变量名称及定义

变量	变量定义
农村	虚拟变量。1=农村;0=城市
男性	虚拟变量。1=男性;0=女性
年龄	2015 年减去出生年份计算得出
汉族	虚拟变量。1=汉族;0=少数民族
教育程度	分类变量。1=小学以下;2=小学;3=初中;4=高中;5=大专;6=本科;7=研究生及以上
政治面貌	虚拟变量。1=党员;0=非党员
2014 年工作收入	个人 2014 年全年的职业/劳动收入。回归时使用对数形式
听英语能力	分类变量。1=完全听不懂;2=比较差;3=一般;4=比较好;5=很好
说英语能力	分类变量。1=完全不会说;2=比较差;3=一般;4=比较好;5=很好
工作类型	分类变量。1=党政机关;2=企业;3=事业;4=社会团体/居委会;5=自雇;6=军队;7=其他
家庭收入水平	分类变量。1=远低于平均;2=低于平均;3=平均;4=高于平均;5=远高于平均

续表

变量	变量定义
父亲教育程度	分类变量。1＝小学以下；2＝小学；3＝初中；4＝高中；5＝大专；6＝本科；7＝研究生及以上。如父亲为"无法回答"，使用母亲教育程度替代
父亲职务级别	分类变量。14 岁时父亲职务级别，0＝没有行政职务；1＝无级别；2＝股级；3＝副科 4＝科级；5＝副处；6＝正处；7＝副司局及以上。如父亲为"无法回答"，使用母亲职务级别替代
父亲工作类型	分类变量。1＝党政机关；2＝企业；3＝事业；4＝社会团体/居委会；5＝自雇；6＝军队；7＝其他。如父亲为"无法回答"，使用母亲工作类型替代

表 3-17　分城乡个体及父（母）特征描述

特征	农村		城市	
	是	否	是	否
高等教育学历	76	2461	805	3237
农村	4042		2537	
男性	1179	1358	1852	2190
政治面貌	90	2447	420	3622
汉族	2221	316	3803	239

特征	农村			城市		
	最小值	最大值	平均数	最小值	最大值	平均数
年龄	18	55	40.788 (10.400)	18	55	38.046 (10.412)
教育程度	1	7	2.784 (1.080)	1	7	3.996 (1.414)
2014 年工作收入	0	1000000	18980.990 (41315.410)	0	5000000	40741.480 (109141.600)
英语听说能力	1	5	1.326 (0.658)	1	5	1.884 (0.978)
工作类型	1	7	3.579 (1.464)	1	7	3.097 (1.393)
家庭收入水平	0	9910000	50664.290 (213281.600)	0	9150000	101188.100 (286380.400)
父亲教育程度	1	14	2.524 (1.666)	1	14	3.794 (2.550)

续表

	农村			城市		
	最小值	最大值	平均数	最小值	最大值	平均数
父亲工作类型	1	17	2.401 (1.942)	1	17	2.869 (3.049)
父亲职务级别	0	4	0.956 (0.301)	0	7	0.868 (0.947)

注:括号内为标准误差。

二、城乡学生进入高等学校差异的趋势

为考察城乡学生进入高等学校的差异,因变量为是否接受高等教育,即获得大学及其以上文凭者赋值为1,否则赋值为0;观测的关键变量为农村,回归结果为负值说明农村学生与城市学生获得高等教育的机会没有差异,反之,说明两者之间存在差异。因变量为二值变量,故选择逻辑回归(Logit Regression)模型。因为年龄与是否获得大学文凭之间具有二次函数关系,故在控制变量中分别放入年龄和年龄平方两个自变量。个人的英语听、说能力对进入大学有着较强的相关性,现在的高考中英语科目在数、语、外"三大主科"中也占有重要的一席之地。在模型中,取听英语能力和说英语能力的均值,生成英语听说能力的控制变量。当然,英语能力一方面会影响考入高校的机会,反过来因为接受了高等教育也会提高个人的英语水平,所以在本部分的模型中,不能将英语能力作为因变量,只能说英语听说能力是个人进入高校的影响因素。而且,加入英语听说能力变量后,回归结果的伪拟合优度有所提高,证明将该变量放入模型中是必要的。为比较父亲职业对子女进入高校机会的影响,将党政机关、企业、事业单位归为优势职业。式(3-6)中 univer 表示因变量是否接受高等教育, rural 为关键自变量农村, Σx 表示模型个人和父(母)亲的控制变量。β_0、β_1、β_2 是回归系数,ε 代表随机误差项。

$$Logit(univer) = \beta_0 + \beta_1 rural + \beta_2 \sum x + \varepsilon \qquad \text{式(3-6)}$$

表 3-18　城乡学生进入高等学校差异的回归结果(边际效应)

变量	Logit 回归	Logit 稳健回归	60 后回归	70 后回归	80 后回归	90 后回归
农村	−0.085 *** (0.010)	−0.085 *** (0.010)	−0.093 *** (0.028)	−0.070 *** (0.020)	−0.144 *** (0.029)	−0.107 *** (0.031)
男性	0.195 *** (0.007)	0.195 *** (0.007)	0.015 ** (0.007)	0.034 *** (0.011)	0.013 (0.017)	−0.008 (0.027)
年龄	0.010 *** (0.003)	0.010 *** (0.003)	0.053 (0.055)	−0.051 (0.060)	0.044 (0.073)	0.783 *** (0.125)
年龄平方	−0.0002 *** (0.000)	−0.0002 *** (0.000)	−0.001 (0.001)	0.001 (0.001)	−0.001 (0.001)	−0.017 *** (0.003)
汉族	−0.015 (0.014)	−0.015 (0.014)	−0.003 (0.017)	0.014 (0.025)	−0.068 ** (0.033)	0.016 (0.049)
英语听说能力	0.094 *** (0.003)	0.094 *** (0.004)	0.032 *** (0.004)	0.097 *** (0.006)	0.134 *** (0.008)	0.161 *** (0.013)
父亲教育程度	0.032 *** (0.003)	0.032 *** (0.003)	0.013 *** (0.003)	0.024 *** (0.005)	0.061 *** (0.009)	0.051 *** (0.013)
父亲职务级别	0.005 ** (0.002)	0.005 ** (0.002)	0.004 * (0.002)	0.002 (0.003)	0.002 (0.005)	0.014 * (0.008)
父亲优势职业	0.009 (0.008)	0.009 (0.008)	−0.002 (0.008)	−0.003 (0.012)	0.022 (0.019)	0.029 (0.030)
样本量	6103	6103	2074	1763	1374	892
伪拟合优度	0.397	0.397	0.382	0.441	0.374	0.242

注:括号内为回归标准误差; * 代表 p<0.1, ** 代表 p<0.05, *** 代表 p<0.01。

　　将所有样本数据代入式(3-6)中,得到表 3-18 中第一列的回归结果,在其他影响因素保持不变的情况下,农村考生比城市考生获得大学及其以上学历的概率低 8.5%。模型中的因变量为二值变量,为进行多重共线性检验,以自变量中的连续性变量年龄作为新模型的因变量,并将其他自变量作为新模型的自变量,重新构建多元线性回归模型,得到的 VIF 值为 1.19,证明不存在多重共线性的问题。HL 拟合优度检验结果为 3009.95（P=0.935），模型拟合情况良好。为保证回归结果的稳健性，进一步进行了模型的稳健性回归，结果见表 3-18 第（2）列，农村变量对因变量依然保持负向影响。以上说明高等学校入学机会仍然存在着城乡间的差异。

同时将所有样本数据放入模型中，得到的结果只能从整体上得到城乡学生获取大学文凭的差异，这种差异在不同年龄段的群体上是否也具有一致性？为回答这个问题，将样本对象按照年龄分为 60 后、70 后、80 后和 90 后四个群体，分别对这四个群体进行逻辑回归，得到了表 3-18 中后四列的回归结果。在四个群体的逻辑回归结果中，来自农村和城市的人在获得高等教育文凭上始终存在差异。从 60 后到 90 后，城乡差异幅度在 7%—15% 之间来回波动，70 后群体的城乡差异最小，农村个体获得高校文凭的机会比城市个体低 7% 左右。80 后群体的城乡差异最大，在个体和父（母）亲的影响因素相同的条件下，农村个体与城市个体在获得高等教育文凭的机会上相差 14.4%。

表面来看，70 后群体的城乡获取高校文凭机会的差距最小，但是，不能忽略高校的学费并轨改革对城乡学生的影响。1993 年《中国教育改革和发展纲要》中明确提出要"积极推进高等学校和中等专业学校、技工学校的招生收费改革"。从 1994 年秋季学期开始，部分高校向学生收取学费。70 后的学生刚好赶上了这次高校学费并轨改革。按照当时国家对学生小学一年级入学年龄 7 周岁的要求，1994 年进入大学的学生应该是 1976 年以前出生的人（即 19 周岁的人），将样本中 70 后的群体进一步分为 1976 年以前出生组（1994 年以前进入大学）和 1976 年以后出生组（1994 年以后进入大学），然后对这两组子样本分别进行逻辑回归，得到的结果是 1994 年以前入学组的城乡差异是 4.5%，1994 年以后入学组的城乡差异达到了 10.6%，并且都通过了显著性检验。从 1997 年开始，高校完成了收费并轨改革，因此，又以 1997 年为界分别对 1997 年以前入学和 1997 年以后入学的 70 后样本进行回归，得到的城乡差异结果分别是 6.29%（p＝0.002）和 11.55%（p＝0.124）。尽管后者没有通过统计上的显著性检验，但是仍能看出高校收费改革对 70 后城乡群体获得高等教育学历的影响。

我国 1999 年开始实施高校扩招政策，从招生规模来看，扩招政策对扩大高等学校入学机会是有利的。80 后刚好赶上了 1999 年开始的高校扩招政策，他们应是这一政策的首批受惠对象。但是，从表 3-18 的 80 后组别回归结果来看，高校扩招政策并没有缩小城乡个体在获得高校文凭上的差异。

在控制变量中，个体的英语听说能力和父（母）亲的教育程度始终对各个群体都有较显著的正向影响，而且其影响表现出随着时间发展不断扩大的趋势。一般而言，受教育程度更高的父母对子女的教育期望也更高，家庭的教育环境可以给子女提供良好的学习环境和学习辅导，这与前面的实证结论是一致的。

三、高校扩招政策对农村学生进入高等学校机会的影响

高校扩招政策是否会对城乡入学机会产生因果作用，要回答这个问题需要使用广义精确匹配加权回归。本部分的研究目的是回答高校扩招政策是否缩小了城乡间个体获得高等教育学历的差距。

（一）广义精确匹配加权回归

CGSS 调查使用了多阶分层 PPS 随机抽样的方法，但是并不能保证在高校扩招政策实施前后，接受和未接受高等教育的个体是随机分配的。研究期望找到高校扩招政策是否影响城乡个体间获得高等教育学历的差异的答案，但是，如果是因为个体能力的原因，即使不上大学也会有较好的发展，于是选择不接受高等教育，这种自选择偏误问题会导致回归结果无法正确解释扩招政策对高等教育学历获取的影响。广义精确匹配是修正自选择问题的一个有

效方法。广义精确匹配（Coarsened Exact Matching，CEM）是控制实验组和控制组在处理前的差异的非参数方法。通过预先的选择，"将每个用于匹配的特征变量分为有实质意义的组"[①]，既能够保留基本信息，又能提升匹配的效率，从而达到限制模型依赖程度和平均处理效应估计误差的目的。同时，也正是因为此方法限制了模型的依赖程度和平均处理效应估计误差，所以不需要在匹配后检查协变量的平衡性。

在广义精确匹配中，选择的协变量包括个体的城乡、性别、民族、英语听说能力，以及父（母）亲的受教育程度、工作类型和职务级别。首先，根据高校扩招政策实施的时间截断点，1999 年以前为控制组，1999 年开始为实验组，将协变量进行分层。其次，利用协变量对所有数据进行精确匹配，保证每层中至少有一个实验组和一个对照组的研究对象，通过对原始数据进行加权，删除未能匹配的研究对象。最后，使用广义精确匹配的权重对逻辑回归模型进行加权回归，得到高校扩招政策变量对结果变量的影响。

（二）　广义精确匹配加权的逻辑回归

首先，根据高校扩招政策实施的时间截断点，确定 1999 年以前为控制组，1999 年开始为实验组。扩招政策实施前的控制组有 4172 个对象，扩招政策实施后的实验组有 2407 个对象。接着，将城乡、性别、民族、英语听说能力，以及父（母）亲的受教育程度、工作类型和职务级别等变量作为协变量考虑进来，并使用 L1 统计量（Multivariate L1 Distance）来判断实验组与控制组之间协变量的不平衡程度。L1 值为 0.504，这个结果作为后面匹配的参照基准组。接下来，需要依据协变量进行广义精确匹配，结果如表 3-19 所示。匹配后，控制组中的 4172 个观测值中有 3209 个得到了匹配，处理组中的 2407 个观测值中有 1686 个得到了匹配。同时，匹配后的 L1 统计量下降为 9.135E-15，其

---

① 郑琦、杨钋：《班级规模与学生成绩——基于 2015 年 PISA 数据的研究》，《北京大学教育评论》2018 年第 4 期。

他分位数上的不平衡性也得到一定程度的改善,这说明模型的匹配效果比较好。

表3-19　广义精确匹配前后对照表

变量 ＼ 结果	匹配前		匹配后	
	L1	平均值	L1	平均值
农村	0.117	−0.117	7.40E−15	−2.80E−15
男性	0.031	0.031	1.10E−14	−7.80E−15
汉族	0.001	−0.001	3.20E−15	−5.40E−15
英语听说能力	0.416	0.747	8.20E−15	−5.10E−15
父亲教育程度	0.343	0.868	9.40E−15	−1.40E−14
父亲职务级别	0.174	−0.203	1.20E−14	−1.70E−14
父亲职业	0.055	−0.122	5.70E−15	−5.00E−14
Multivariate L1 Distance	0.568	—	9.135E−15	—

通过广泛精确匹配后,就得到了相应的权重矩阵,将匹配的权重代入逻辑回归模型,就得到表3-20中样本的平均处理效应的估计值(为方便读者比较,匹配前模型也在表中体现)。表3-20中的模型均以是否具有高等教育学历为因变量。模型(1)中仅将政策变量和个体变量放入模型中,除民族以外,其他自变量都对是否获得高等教育学历在统计上具有较显著的影响。从回归系数来看,来自农村的个体比城市的个体获得高等教育学历的机会低19.2%。同时,父(母)亲的受教育程度越高,个体获得高等教育学历的机会也越高,但是父(母)亲的职业和职务变量对因变量并没有显著影响。

为考察高校扩招政策后农村与城市个体获得高等教育学历的差异,模型(3)中加入了扩招政策与农村的交互项,回归结果表明主效应与调节效应均对因变量有显著影响。这与李春玲使用2005年1%人口抽样调查数据的研究[1],

---

[1]　李春玲:《农村子女上大学难在哪儿》,《光明日报》2013年7月11日。

以及马宇航和杨东平使用 2008 年 CGSS 数据得到的结论①是一致的。尽管高校扩招政策在整体上提高了高等教育机会在数量上的增加,但是这种增加并非在城乡间均衡地分配。尽管在当前的高考体制下,城乡学生都可以参与考试竞争,但是,由于教育质量差异以及各省份招生计划的差异,城乡学生获取高等教育机会上仍然是存在差异的。② 这也印证了 MMI 理论的观点,高等教育的扩展并不等同于高等教育机会在城乡间的平等化发展,优势群体或阶层的教育需要没有达到饱和,教育机会不平等的现象就会持续存在。

表 3-20　高校扩招政策的逻辑回归结果(边际效应)

变量	模型(1)	模型(2)	模型(3)	匹配前模型
扩招政策	-0.049^{***} (0.163)	-0.037^{**} (0.017)	-0.042^{**} (0.017)	0.012 (0.014)
农村	-0.192^{***} (0.018)	-0.175^{***} (0.019)	-0.220^{***} (0.028)	-0.143^{***} (0.024)
男性	0.037^{***} (0.009)	0.030^{***} (0.010)	0.030^{***} (0.010)	0.018^{**} (0.007)
年龄	-0.004^{***} (0.001)	-0.003^{***} (0.001)	-0.003^{***} (0.001)	-0.001 (0.001)
汉族	-0.008 (0.037)	-0.037 (0.036)	-0.036 (0.036)	-0.027^{**} (0.014)
英语听说能力	0.150^{***} (0.005)	0.132^{***} (0.006)	0.133^{***} (0.006)	0.091^{***} (0.004)
父亲教育程度	—	0.042^{***} (0.005)	0.042^{***} (0.005)	0.027^{***} (0.003)
父亲职务级别		-0.005 (0.008)	-0.005 (0.008)	0.006 (0.004)
父亲优势职业	—	-0.010 (0.012)	-0.011 (0.012)	0.014 (0.008)

① 马宇航、杨东平:《城乡学生高等教育机会不平等的演变轨迹与路径分析》,《清华大学教育研究》2015 年第 2 期。

② 罗楚亮、孟昕:《高等教育机会不均与高中入学决策的城乡差异》,《教育经济评论》2016 年第 1 期。

续表

变量	模型（1）	模型（2）	模型（3）	匹配前模型
扩招＊农村	—	—	0.102*** （0.038）	0.071*** （0.027）
样本量	4895	4210	4210	5375
伪 R^2	0.291	0.329	0.331	0.394

注：表格中系数为相对概率比（Odds Ratio），括号内为回归标准误差；* 代表 p<0.1，**代表 p<0.05，*** 代表 p<0.01。

第四章　高等学校入学机会公平的
影响因素分析

前面通过调查发现,家庭背景因素对学生获得高等教育入学机会产生一定影响。但是,无论家庭中的经济、阶层因素,还是教育领域中的制度、环境因素,都受到其所处的经济、社会等因素影响,同时也受到教育中个体或群体层面的认识水平影响。高等学校主要根据学生的高考分数进行筛选和录取,这种"分数面前人人平等"的原则是当前最能保证高等学校入学机会公平的机制。但是,学生在进入高等学校之前能够获得的资源、在求学过程中获得的支持,存在着较大差异。分析其原因,特殊时期的教育政策、高等教育资源配置、高等学校对优质生源的渴求等,都在一定程度上影响了高等学校入学机会公平问题的解决。

第一节　对高等学校入学机会
公平认识的影响

教育公平是社会公平在教育领域的延伸,高等学校入学机会公平是高等教育公平的重要指标。1999 年我国高等教育开始大规模地扩大招生(简称"扩招"),使社会公众对高等教育的需要得到缓解。随着社会的发展,对人才的要求提高,转而要求实现优质高等教育需要,即要求"上好学"。然而,社会公众认可的优质高等学校以中央部属高等学校居多,这些学校占我国高等学校的比例较小,因此无论从数量上还是学校的承载力上,都无法满足社会公众的需求,造成新的高等学校入学机会供需关系紧张。随着我国高等教育进入大众化发展阶段,单纯的高等学校招生增量不足以代表高等教育公平。高等学校入学机会公平的这种局限性主要体现在:将高等学校入学机会公平等同于扩大高等学校招生名额;提高弱势群体获得优质高等学校的比例等同于提升高等教育公平程度。这两项措施有助于提升高等学校入学机会公平,但这是必要不充分条件。

一、对高等学校入学机会公平的认识不断深入

回顾我国高等学校招生工作和相关政策,国家始终坚持以公平为核心,并且对教育机会公平的认识也在不断深化和提升。20 世纪 90 年代,随着改革开放的深入和经济体制改革,我国高等教育进入一个新的历史发展阶段,党和国家陆续出台《中华人民共和国高等教育法》《面向 21 世纪教育振兴行动计划》《中共中央 国务院关于深化教育改革全面推进素质教育的决定》等重要文件,在广泛汲取各国高等教育发展成功经验的基础上,进一步加快了高等教育扩张的步伐。① 1999 年,受亚洲金融危机的影响,我国政府突然决定在原有扩大后的招生基础上再次扩大高等学校招生名额。② 1999 年高等学校本、专科招生 159.7 万人、毛入学率 10.5%,2002 年高等学校本、专科招生 320.5 万人、毛入学率 15%,③提前完成了《面向 21 世纪教育振兴行动计划》中制定的"到 2010 年高等教育规模有较大的扩展,入学

---

① [美]西蒙·朱:《兴邦之路》,中国水利水电出版社 2015 年版,第 48 页。
② 改革开放 30 年中国教育改革与开发课题组:《教育大国的崛起:1978—2008》,教育科学出版社 2008 年版,第 186、191 页。
③ 数据来源:《中国统计摘要 2018》。

率接近 15%"的任务。扩大的高等教育招生规模,为我国高等教育的快速发展奠定了基础,在一定程度上缓解了社会公众对高等教育的需求。此外,我国还有保送生政策、高考加分政策、自主招生、特殊类型招生等招生方式,作为高考的补充形式。相关部门还出台了一系列针对保障女性、少数民族、农村地区学生、区域等政策,通过改革不断提高高等学校入学机会公平水平。

2010 年 7 月《国家中长期教育改革和发展规划纲要(2010—2020年)》、2013 年 11 月《中共中央关于全面深化改革若干重大问题的决定》、2014 年 9 月《国务院关于深化考试招生制度改革的实施意见》等重要文件的发布,显示了我国政府在推进高等教育公平和高等学校入学机会公平方面的决定,从顶层设计进行自上而下的改革。以招生政策为突破口,从高等学校入学机会的保障措施开始:2014 年底,政府对重点高校试点自主招生政策和加分政策进行了进一步规范和清理,2019 年被誉为"史上最严自主招生年"就是最好的例证[①];提高特殊类型招生考试的文化课的比例,使依靠分数获得高等学校入学机会的竞争更加纯粹;2018 年 9 月 10 日,习近平在全国教育大会上发表重要讲话,提出"要坚决克服唯分数、唯升学、唯文凭、唯论文、唯帽子的顽瘴痼疾,从根本上解决教育评价指挥棒问题"[②]。党和政府在提升高等学校入学机会公平方面加大了工作力度,持续推进高等教育考试招生制度改革、破除高等学校入学机会公平提升的障碍,由追求高毛入学率转向提升入学机会实质公平。

根据美国教育社会学家马丁·特罗提出的高等教育大众化理论,当高等教育的毛入学率达到 50% 左右的时候,高等教育由大众化阶段进入普及化阶段。根据教育部发布的《2020 年全国教育事业发展统计公报》,2019 年中国

---

① 郑若玲、庞颖:《恪守与突破:70 年高校考试招生发展的中国道路》,《华中师范大学学报(人文社会科学版)》2019 年第 5 期。

② 《习近平谈治国理政》第三卷,外文出版社 2020 年版,第 348 页。

高等教育毛入学率超过 50%,这意味着我国已经跨入高等教育普及化阶段。毛入学率是判断高等教育发展程度的一项基本指标,较高的毛入学率是高等学校入学机会公平的一个必要不充分条件。在新阶段,我国高等学校入学机会公平的问题仍是高质量的需求与低质量的供给之间的矛盾。入学规模的提升只是实现高等学校入学机会公平的第一步,是一种较低水平的高等教育公平。高等教育公平、高等学校入学机会公平要求会有提升,没有质量的高等教育公平只能是暂时的、表面的,追求高等教育公平的核心目标是打破高等教育的族群性偏见,实现高等教育机会的正态分布。①

二、高等学校入学机会公平实现需要长效机制保障

提升高等学校入学机会公平,不仅在于提高弱势学生高等教育的录取率,更重要的是使弱势群体真正在高等学校获得个人的发展和进步,思想上要积极向上、学习上能跟得上、生活中能融入校园。2012 年 3 月,教育部联合国家发展改革委等五部门发布《关于实施面向贫困地区定向招生专项计划的通知》(以下简称"专项招生计划"),决定自当年开始在重点高校中推出专门面向农村贫困地区的招生计划,地方政府和地方重点高校也相应推出面向本地的地方重点高校招收农村学生的专项计划和面向农村学生单独招生的高校专项招生计划,即"三大专项招生计划",以扩大农村贫困地区学生进入重点高等学校的比例。

我国高等教育管理部门及相关部门连续多年一直在保障农村和边远贫困地区学生进入优质高校的比例,并要求形成长效机制。从结果上看"三大专项招生计划"实现了政策的目的。从学生的发展来看,虽然在入学机会的问题上国家实现了"不平等地对待不平等",但还缺乏长效的机制保障,使通过

---

① 张继平、黄琴:《高质量高等教育公平的四部曲》,《三峡大学学报(人文社会科学版)》2017 年第 4 期。

专项计划进入高等学校的学生获得真正的发展。一些研究①表明,该项政策在执行初期存在一些问题,如存在漏洞、容易被别有用心的人利用;对享受政策的学生有毕业回生源地服务的硬性要求,是否构成新的"权益的剥夺";谁来保障进入优质高校的这些学生能顺利地完成学业、实现个人发展;等等。这些问题都反映了仅通过"降分录取"的办法弥补弱势考生的入学机会以实现机会公平的道路需要反思。

我国现有高等学校入学机会公平的相关政策实施已经取得了较大成效,但是,国内、国际环境的变化,迫切需要建立高等教育与动态环境相适应的公平发展的长效机制。教育部在关于做好 2017 年普通高校招生工作的通知中提出"要逐步形成保障农村学生上重点高校的长效机制",这是保障高等学校城乡间入学机会公平的机制之一。

第二节 效率优先理念的影响

公平是高等教育理念的一种。高等教育作为学校教育体系的最高一级,其教育机会公平程度受到义务教育和高中教育的公平程度的直接影响。高等学校入学机会公平,一方面保障所有参加高考的学生在人格身份方面无差别、无歧视;另一方面表现为"分数面前人人平等",所有学生都是凭其高考成绩获得相应的高等学校录取资格的。过程公平,一方面要求政府对所有高等学校的资源投入相对公平;另一方面要求同一所高等学校内的所有在校学生获得的高等教育服务大致相同。结果公平要求学历相同的受教育者,在毕业后

---

① 参见胡乐乐:《国家"高考扶贫"政策的"逆向歧视"与纠正》,《福建师范大学学报(哲学社会科学版)》2016 年第 4 期;熊丙奇:《定向招生计划效果有限》,《教育》2013 年第 6 期;黄巨臣:《农村地区教育扶贫政策探究:创新、局限及对策——基于三大专项招生计划的分析》,《贵州社会科学》2017 年第 4 期;余秀兰、白雪:《向农村倾斜的高校专项招生政策:争论、反思与改革》,《高等教育研究》2016 年第 1 期。

能够获得相当的职业发展和待遇。从起点到结果的循环往复,每个阶段都要求高等教育管理者对高等教育系统、对受教育者提供相应的支持和保障,以最大化地实现高等教育公平。一旦某一阶段出现问题,必然影响其他阶段,最终影响高等教育公平的实现。

1949 年新中国成立后,由国家接手并开始改造旧制高等学校,建立新中国的高等教育体系。由于缺乏社会主义建设经验以及当时复杂的国际环境,新中国的高等学校建设和院系调整以苏联的高等教育体系为样板、依靠苏联专家的帮助,这对我国改造旧制高等学校、快速建立一批新中国的高等学校、培养人才等方面发挥了重要作用。① 1949 年底,我国便开始在小范围内进行院系调整。经历了 1952 年全国范围的院系调整后,我国高等教育体系初步建立。由于照搬苏联模式,缺乏与我国社会发展实际的结合,从高等教育管理体制,到高等学校布局、专业设置等,都成了日后高等教育发展要解决的问题。

回顾历史,高等教育的发展离不开国家和社会的发展,在发展中遇到的问题,首先反映在招生工作上。高等学校入学机会作为一种稀缺的资源,承担着重要的社会作用,它的分配不仅与学生及其家庭关系密切,更与政府联系紧密。政府对高等教育投入的方向和程度,反映了对高等教育的管理理念,在很大程度上决定了一所高等学校甚至一个区域高等教育的发展。发展不均衡的高等教育体系内部的"排序",影响着学生及其家庭对高等学校的选择。

一、高等教育布局采取效率优先的战略

1949 年新中国成立后,我国开始着手对旧的高等教育进行改造,建立与社会主义经济制度和政治制度相适应的高等教育体制。当时受苏联"有计划

---

① 刘海峰等:《高等教育史》,高等教育出版社 2016 年版,第 191、195 页。

地培养干部和专家的高等教育发展理念"的影响,我国的高等教育发展也采取了由国家制定用人计划、培养所需的专门性人才的理念,[①]并于1952年建立了全国高等学校招生考试制度,完成了院系调整。在高等教育布局上,同其他公共政策注重效率的价值取向相同,采取了"城市优先"和"经济发达中心"的发展战略[②]。这些地区不但有得天独厚的地理位置、基础设施条件较好、城市化的水平和现代化的程度优于农村,而且有各级政府在政策和财政方面的支持,发展高等教育的目标更容易实现。随着我国改高等教育体制为中央—省级两级管理体制,改革高等教育成本分担机制,高等教育生源当地的经济发展更意味着重要的资源——有力地带动地方经济发展[③]。尽管规模不断地扩大,但高等学校的布局并没有突破"城市优先"和"经济发达中心"。有些优质高校在其他地方开办分校,选址往往都是自然风景好、人文底蕴浓厚、经济相对发达的城市,以吸引考生报考。

我国高等教育战略布局在新中国成立之初和改革开放之初发挥了巨大的作用,因为高等教育扩招之前采用的是"精英教育"的培养模式,高等教育资源是少数人才能享受到的高等教育。随着我国改革开放、"基本实施九年义务教育和基本扫除青壮年文盲"("两基")如期完成,经济和社会发展对人才的需求增加,教育越来越受到重视。完成基础教育已不能满足人们对教育的需求,扩大高等学校入学机会是人们迫切的愿望。

二、重点校政策强化高等教育分层

我国曾经在学校教育系统内实行重点校政策,也是效率优先原则下的产

---

①　邬大光:《中国高等教育大众化问题研究》,高等教育出版社2004年版(2005重印),第20页。

②　余祥蓉:《我国高等教育财政公平问题研究》,硕士学位论文,东北师范大学,2012年,第34—57页。

③　张光、尹相飞:《流动人口与地方教育财政投入——基于2000—2011年跨省数据的实证分析》,《教育与经济》2015年第6期。

物。重点校政策强化了学校的分层,进一步导致高等学校间的发展差距,对发展靠后的学校争取优秀生源形成掣肘,影响学生高等学校入学机会的选择质量。国家实施重点校政策的目的在于集中力量办好一批学校、培养一批人才,政策达到了预期目标。① 但对学生来说,要能考上重点大学,必须先考上重点高中,所以入学机会竞争提前、更加激烈,加重了学生学业和心理的双重负担。对学生的家庭来说,为了帮助学生取得更好的成绩,必将进行更多的教育投资,家庭经济压力增加;对非重点高等学校来说,重点学校拥有的资源是其无法企及的,且有"强者愈强、弱者愈弱"的趋势。教育资源属于公共资源,排他性低,而这种资源的集聚性已然无法使所有受教育者都公平地享受到公共资源。在高等教育领域里,国家相继推出"211工程"和"985工程"以及"优势学科创新平台"和"特色重点学科项目"工程,进一步强化了高等教育的分层。这些重点高等学校或学科在生源选择上、资源配置上都享有优先性,②在师资队伍建设上有较强的吸引力,这种高等教育分层并非完全按照高等教育发展规律发生,而是带有明显的外部力量——在政府的推动下实现的。高等教育的分层带来的直接后果是在入学标准上有分数的区分、培养的学生带有着"985/211学校""非985/211"的标签,在就业市场所受的际遇不同。

三、高等教育财政资源配置的差异性

高等学校是承担高等教育任务的主要机构,我国各级政府与高等学校之间的关系是"新型契约式关系":在《中华人民共和国高等教育法》等有关法律法规和国家发展战略框架下,政府向高等学校提出发展目标和相关要求、批准学校的章程和发展规划,提供政策和财政资源支持的同时进行评估;高等学校

① 王爱云:《中华人民共和国历史视野中的重点学校》,2016年2月10日,见http://www.cssn.cn/jyx/jyx_jys/201602/t20160202_2856109.shtml? COLLCC=229862052&。
② 董云川、张建新:《高等教育机会与社会阶层:一项基于多民族聚集省份高校的实证研究》,科学出版社2008年版,第130页。

则以高深知识为资本,回应国家和社会发展对知识和科学技术的需求,在政府宏观管理的框架下实现自主办学。① 在这种管理体制下,高等教育公平的实现程度与财政资源配置的关系非常密切,高等学校获得的经费对本校的发展乃至本地高等教育的发展都产生不同程度的影响。

我国高等教育布局不均衡受历史的影响,催化高等学校入学机会区域差别。新中国成立后,经历数次高等教育改革、扩招后快速进入大众化发展阶段,高等学校在数量上的增长并没有完全改变高等教育布局不均衡。省际高等学校数量和每万人拥有高等学校数量差距大、每万人拥有高水平高等学校的数量差距大、部属高等学校空间差异依然存在,且部属学校"本土化"倾向较明显,②造成不同生源地学生获得高等学校入学机会差别。

在高等学校入学机会公平的问题上,我国现有的分权型高等教育财政制度、区域间经济发展不平衡的客观事实,造成了部属高等学校和地方学校获得经费的差异,进而在一定程度上造成了优质高校和普通高校、中央和地方高等学校、不同地方高等学校之间在发展上的差异,从而导致高等学校发展起点不公平的产生。

我国自 20 世纪 80 年代实施财政包干制以来,高等教育经费支出责任一直是根据高等学校的行政隶属关系实行中央与地方两级承担,③为调动地方政府办学的积极性、推动高等教育事业的快速发展,在推进财政税收制度改革的同时我国开始将高等学校的办学责任下放给地方政府,这在一定程度上加重了地方财政的负担。1993 年《中国教育改革和发展纲要》提出,"高等教育要逐步形成以中央、省(自治区、直辖市)两级政府办学为主、社会各界参与办

①　马陆亭:《我国高等教育管理体制改革 30 年——历程、经验与思考》,《中国高教研究》2008 年第 11 期。

②　张学军:《中国省际高等教育均衡发展问题与对策——基于河南省与全国的比较》,《郑州师范教育》2015 第 3 期。

③　赵永辉:《我国高等教育支出责任与财力保障的匹配研究》,博士学位论文,华中科技大学,2012 年,第 56 页。

学的新格局",为我国高等教育管理体制改革指明了发展方向,但并没有明确高等教育财政责任归属问题。1994 年国务院印发的《关于〈中国教育改革和发展纲要〉的实施意见》中,进一步明确了"高等教育逐步实行中央和省、自治区、直辖市两级管理,以省级政府为主的体制",这一规定实则明确了"谁举办、谁出资"的财政责任①。从 1998 年开始,我国出台了一系列政策文件,如《国务院关于调整撤并部门所属学校管理体制的决定》等,开始进行中央部门所属高等学校和地方所属高等学校所属关系的划转,两级办学的体制逐步深化。

1. 高等教育财政性经费地域间不平衡

随着财政分权体制改革的深入,地方政府拥有了更多财政权。受到当地经济发展水平的制约,不同地方的省属高等学校获得的教育经费出现差异。②受教育经费的限制,不同地区高等学校的发展速度和程序不尽相同。尽管各地物价水平、住宅价格、家庭生活支出等存在较大的差异,即当期货币额度在不同地区的实际使用价值并不同,③但还是能够从中看出不同地区高等教育生均公共财政性教育经费差异。即使同属东部地区,省际高等教育财政性经费的投入也存在不同程度的差异。

财政分权体制和高等教育成本分担机制使得高等教育的"钱袋子"问题成为影响入学机会公平的主要原因之一。舒尔茨认为,人力资本是当今时代促进国民经济增长的主要原因。人力资本的积累是社会经济增长的源泉。④他在《论人力资本投资》一书中指出:"许多低收入国家的发展进程明显得益

---

① 王善迈等:《公共财政框架下公共教育财政制度研究》,经济科学出版社 2011 年版,第 248 页。

② 郭矜:《财政分权对我国教育资源非均衡配置影响及原因分析》,《地方财政研究》2016 年第 2 期。

③ 马志远、金瑞:《社会转型与教育公平:财政约束视角下的人才培养与资源配置》,江苏大学出版社 2017 年版,第 154 页。

④ 江涛:《舒尔茨人力资本理论的核心思想及其启示》,《扬州大学学报(人文社会科学版)》2008 年第 6 期。

于大学所培养的专门人才。如高等教育为独立后印度在工程、医药和农业研究等各种科学领域中培养了受过专业训练的年轻人。"①因此，对地方政府而言，相比基础教育的长期性和教育收益的隐蔽性，投资高等教育是非常"划算"的人力资本投资。高等教育区域发展培养专业人才周期短，作为高等教育最重要的投资者可以在短期内见到教育收益（培养本科生的时间是4—5年、硕士生是2—3年、博士生则是3—6年），高等教育不仅能够解决当地经济和社会发展中的实际问题、推动科技发展，还能为经济和社会发展贡献具有高素质的专业技能人才。高等学校获得政府投资后，能更好地促进各领域内的研究、提升高等教育质量。高质量的高等教育能够吸引更多的学生，从而扩大了的招生规模能够带动高等学校周边的发展（如房价、餐饮业等），在一定程度上可增加当地经济收入并促进社会发展。经济发展好、社会公共服务完善的地方不仅能够留住当地高等学校毕业生，而且能够吸引外地优秀毕业生的目光、投身于本地经济建设和社会发展上。理想状态下，地方政府对高等教育投资是一种政府—高等教育—社会三者积极互动的良性循环行为，实现区域内多元主体"共赢"。实际上，我国地区发展程度不同，客观上制约了地方政府投资高等教育的"能动性"，更需要关注的是其他因素导致地方政府减少高等教育投资的问题。人才外溢直接影响了地方政府对高等教育财政投入的热情。如前所述，两级管理的高等教育体制，使省级政府对当地高等教育投入责任加大。1985年，《中共中央关于教育体制改革的决定》提出改革高等学校招生计划和毕业生分配制度。"统包统分"和"包当干部"的高等学校毕业生就业分配制度成为历史。高等学校毕业生由就业市场配置，提高了效率，实现了人才的社会流动。在市场机制下，出现了高等学校毕业生特别是优秀毕业生的"孔雀东南飞"的现象，这是高等学校毕业生根据自身职业发展和生活需求进行教育成本—收益衡量的结果，是地域间人才引进机制博弈的结果，实质是

---

① ［美］西奥多·W.舒尔茨：《论人力资本投资》，吴珠华等译，北京经济学院出版社1990年版，第151页。

经济和社会综合条件的比拼。显而易见的是,经济发达、社会发展优越的地区在"人才争夺战"中占了上风。高等学校毕业生趋利性地流动,产生的结果是在一定程度上"鼓励"了高校毕业生净流入地减少对当地高等教育的投入,高等学校毕业生净流出地投资高等教育的积极性受到打击。从人才流动结果看,大量高等学校毕业生涌入经济发达省份和地区、壮大当地人才蓄水池,对当地高等学校毕业生产生了较强的替代作用,有可能使当地政府降低对本地高等教育投入程度,转而进一步优化社会环境和提高人才引进的待遇以吸引更多外省市人才;对高等学校毕业生流出的经济欠发达省份来说,则产生了较大的财政外溢效应,投入大量财力培养的高等学校毕业生却不愿留下来服务于本地经济和社会发展建设,自然也不愿意投入更多到高等教育"为他人做嫁衣裳"[①]。

可见,在财政分权体制下,经济发达或欠发达地方的政府的态度都会影响高等教育的投入。另外,高等教育财政投入的法治建设的滞后性也降低了对地方政府关于高等教育投入的监督和问责。

2. 不同层次高等学校财政性经费不平衡

由于财政经费来源不同,不同层次高等学校获得财政性资源配置存在较明显的差异。这种差异在部属高等学校与地方高等学校之间、重点高等学校与普通学校之间、省内重点高等学校与普通高等学校之间甚至是同一高等学校内不同系别(专业)之间都有表现。

1985年,党中央作出《中共中央关于教育体制改革的决定》之后,我国开始进行高等教育体制改革。逐步形成以政府为办学和投入主体、多渠道筹措经费的办学体制和投资体制。改变了我国高等学校在行政隶属关系上的条块分割,调动了地方政府举办高等教育的积极性。1993年,中共中央、国务院印发《中国教育改革和发展纲要》,指出今后一段时间高等教育改革

① 李明、王鹏:《人才流动对地方政府高等教育投入的影响研究》,《湖南社会科学》2012年第3期。

要"走内涵式发展,提高办学效益","集中力量办好一批重点大学和重点学科"。1995 年 11 月,国家计委、教委、财政部印发《〈"211 工程"总体建设规划〉的通知》,1999 年,国务院批准教育部《面向 21 世纪教育振兴行动计划》启动"985 工程"建设,开启了我国高等教育规模扩张与高水平大学建设并举的发展模式。

重点建设项目的高等学校财政支持充足。随着高等教育管理体制改革的全面推进,中央部属高等学校减少至 75 所,其余全部转交给地方政府。"985 工程"高等学校均有中央部属高等学校的"血统",同样在"211 工程"高校中,中央部属高等学校占 72%。在财政资源配置方面,中央部属高等学校在校生数量上的优势以及强有力的中央财政能力和投入力度保障,使这些高等学校的财政资源充足且其他支持渠道也非常畅通。相比之下,地方高等学校在校生数量庞大、教育经费几乎全部来自地方政府的财政收入,能够获得的其他社会捐赠资源有限。这就导致中央部属高等学校与地方高等学校在财政资源获得上产生差异①(见表 4-1)。中央部属高等学校与地方高等学校在生均教育经费支出和生均公共财政预算教育经费支出的对比,导致高等教育体系内部出现分化。② 从高等教育布局上看,"985 工程"高等学校多集中于京沪沿海经济发达地区,中西部较少,影响了国家高等教育整体发展。③ 2017 年,国家正式启动第一期"双一流"工程建设,一些省份和地区争相推出扶持计划,助力本省高等学校入选"双一流"名单。除了大力引进人才之外,有的给予相关政策支持,对高水平建设大学下放了人事管理权;有的则投入大量经费支持,积极支持"双一流"建设。

---

① 王善迈等:《公共财政框架下公共教育财政制度研究》,经济科学出版社 2011 年版,第 261 页。

② 马志远、金瑞:《社会转型与教育公平:财政约束视角下的人才培养与资源配置》,江苏大学出版社 2017 年版,第 157 页。

③ 赵红军:《大学层面"985 工程"发展战略模式的选择》,《国家教育行政学院学报》2011 第 12 期。

表 4-1　2007—2012 年高等学校教育经费支出情况

年份	生均教育经费支出（元）			生均公共财政预算教育经费支出（元）		
	部属高校	地方高校	比值	部属高校	地方高校	比值
2007	27053.96	12544.49	2.16	11956.08	5072.57	2.36
2008	28469.17	12709.02	2.24	12261.98	5462.41	2.24
2009	32903.67	13925.68	2.36	13634.65	6834.8	1.99
2010	36448.57	14373.82	2.54	17047.95	7276.76	2.34
2011	39475.26	15925.42	2.48	17964.3	8431.81	2.13
2012	46574.82	19419.93	2.40	25427.55	11980.58	2.12
2012 年比 2007 年上涨	72.16%	54.81%	—	112.67%	136.18%	—

国家实施的"双一流"工程，是继"211 工程"和"985 工程"以及"优势学科创新平台"和"特色重点学科项目"等重点建设之后在高等教育领域里实施的又一重大的战略决策，将进一步提升我国高等教育发展水平，增强国家核心竞争力，促进国家和民族长远的发展。"双一流"工程的实施，在于扶优、扶需、扶特、扶新，而非普惠性。"211 工程"和"985 工程"等重点建设是"双一流"工程的逻辑起点和继续基础，[①]入选国家"双一流"名单的高等学校在地域分布和学科分布具有一定兼顾性，纵向和横向使高等教育财政经费都拉开了差距。"双一流"工程建设经费由中央和省级两级财政安排，尽管这是一项新增的专项财政资金，但实际上造成不同高等学校获得的财政差距，这种差距进一步加大了部属高等学校与省属高等学校之间、省际高等学校和省内高等学校之间的经费差距，甚至同一高等学校内不同院系之间的经费差距。"双一流"工程名单与"211 工程"和"985 工程"建设的高等学校有高度的重合。经过"211 工程"和"985 工程"项目建设后，名单中多数高等学校已经具备了相当的实力，这一次再次进入"双一流"工程，可谓"锦上添花"，产生强者愈强

---

① 刘海峰：《"双一流"建设应注重效率兼顾公平》，《中国高等教育》2017 年第 19 期。

的"马太效应"。[1]"双一流"名单中高等学校数量有限且门槛高,能够获得入学机会的学生占全国在校生的比例属于绝对少数。在大众化阶段,显然无法使更多的学生受益、潜存着"优势学校借此机会实现增量式发展,导致大学组织本身的问题掩盖,项目资金达到峰值出现边际效应递减"[2]的危险。

第三节　差序社会结构的影响

我国经济发展不均衡的现实制约了高等学校入学机会公平,主要体现在贫富地区的教育资源投入差距悬殊、城乡二元结构下个体的经济收入与支出差距、社会各阶层的实力差距明显,这些差距从根源上对社会个体的受教育情况产生了潜移默化的影响。

新中国成立后,我国高等教育在稳步中发展。从招生角度看,人均占有高等教育资源的程度经历了由少到多的发展趋势。伴随着这样一个趋势,我国高等教育的发展经历了又快又慢的过程,这是高等教育系统与社会大系统互动过程中产生的非同步发展的态势。快,是指我国高等教育系统在发展规模上、招生人数及在校生规模方面呈现出快速发展的特征。从规模上,我国高等教育的发展完成从精英教育到大众教育、再到普及教育阶段的转变仅用了40余年的时间。慢,则是指高等教育系统之外的社会系统对高等教育的认识更新速度慢。高等学校的"名片效应"仍旧是用人单位重要的筛选信号。人们不遗余力地考进"985""211"高校,除了这些高等学校自身的实力之外,在普通学生及家长看来,获得优质高校入学机会、接受精英式高等教育的培养后必然成为社会精英。普遍将精英教育等同于教育精英,夸大了高等教育对个人

---

①　胡敏:《"双一流"建设财政控制的地方实践困境与改进》,《华南师范大学学报(社会科学版)》2017年第4期。

②　殷文杰:《"项目治教":大学治理中技术理性对价值理性的僭越》,《高等教育研究》2016年第9期。

职业发展和取得成就的绝对作用①,而弱化了个人努力和所处的际境等因素的综合作用。

一、城乡二元社会结构的影响

在我国,二元结构主要由城市社会和农村社会两大部分来体现。经济结构层面,城市经济以社会化大生产为主要特点,农村经济以典型的小农经济生产为主;在基础设施与消费水平方面,农村不仅基础设施较落后,人均消费水平也低于城市,这是中国经济最显著的特征。

中国有长达两千多年的封建历史,自给自足的小农经济一直占据主导地位,新中国成立初期,由于历史条件的制约,国家选择了优先发展重工业的发展战略,使得农业积累大量流向工业,财政收入分配格局由农业向工业、由农村向城市倾斜,这种倾斜形成了城乡二元结构。在这种不均衡战略的影响下,财政制度配套的政策安排都是以工业和城市发展为实施前提,财政资源的倾斜配置进一步强化了城乡二元结构。改革开放后,国家采取的战略为"效率优先、兼顾公平",实施农村改革向城市改革倾斜的发展战略,由于转型时期体制和制度的障碍,挤压农业补贴工业的政策没有得到有效调整。

(一) 城乡居民经济收入差距较明显

城乡二元结构实际上是人们在社会经济生活的各个方面不均衡的发展,主要表现在城乡居民收入、城乡居民所受的教育、医疗卫生、福利保障等各社会资源层面的不均衡。从表4-2可以看出,截至2017年城乡居民人均可支配收入存在较大差异,城镇居民人均可支配收入要高于农村居民人均可支配收入,前者大约是后者的2.7倍。当然,人均可支配收入会受到极值影响,为了

①　梁晨等:《无声的革命:北京大学与苏州大学学生社会来源研究(1949—2002)》,生活·读书·新知三联书店2013年版,第12—13页。

科学合理地比较城乡居民的收入差异,这里采用收入五等份分组与四大地区分组两种方法进行城乡居民的收入比较(具体数据见表4-3和表4-4)。在表4-3中的低收入户这一层,城镇居民的人均可支配收入为13004.1元,比农村人均可支配收入多了9997.6元,近10000元,是农村居民人均可支配收入的4.3倍,从中等偏下到高收入户,分别为2.9倍、2.8倍、2.6倍、2.4倍。在表4-4的同一地区,东部地区到东北地区,城镇人均收入和农村人均收入的差距分别为2.5倍、2.4倍、2.8倍、2.3倍,也就是说,城乡居民无论是在五等份分组的类别还是四大地区类别下进行同一层次的比较,城乡人均可支配收入都存在不均衡现象。

表4-2　2016年城乡居民人均可支配收入

城镇居民人均可支配收入(元)	33636.20
农村居民人均可支配收入(元)	12363.40

表4-3　2016年城乡居民按收入五等份分组的人均可支配收入

不同收入组	城镇人均收入(元)	农村人均收入(元)	倍数
低收入户(20%)	13004.10	3006.50	4.33
中等偏下户(20%)	23054.90	7827.70	2.95
中等收入户(20%)	31521.80	11159.10	2.82
中等偏上户(20%)	41805.60	15727.40	2.66
高收入户(20%)	70347.80	28448.00	2.47

表4-4　2016年城乡居民按东、中、西部及东北地区分组的人均可支配收入

地区	城镇人均收入(元)	农村人均收入(元)	倍数
东部地区	39651.00	15498.30	2.56
中部地区	28879.30	11794.30	2.45
西部地区	28609.70	9918.40	2.88

地区	城镇人均收入（元）	农村人均收入（元）	倍数
东北地区	29045.10	12274.60	2.37

注：表4-2、表4-3、表4-4数据均来源于《2017中国统计年鉴》。

（二）城乡教育发展资源获得差距较大

经济基础决定上层建筑，城乡经济上的巨大差距必然带来教育资源积累上的差距，依据《2017中国教育统计年鉴》和《2017中国教育经费统计年鉴》的数据，计算出城乡从小学到高中的人均教育经费投入（具体结果见表4-5）。从中可以很清楚地看到，2016年仅"生均经费支出"这一项，农村各学校教育阶段都低于城市，且随着学习阶段的提升，差异越来越大。其中城市小学比农村小学支出多1618.30元；城市初中比农村初中多4080.40元；城市高中比农村高中多7051.10元。城乡经济上的差距直接导致教育资源投入上的差距，农村教育资源的投入少自然限制了农村教育的发展。

表4-5　2016年城乡小学、初中、高中教育经费支出与生均教育经费支出

项目	城市高中	农村高中	城市初中	农村初中	城市小学	农村小学
经费支出（千元）	222457784	162318520	266146334	391592327	392417433	690677010
在校生数（人）	11125875	12540590	14894194	28399490	32671812	66458314
生均经费支出（元）	19994.60	12943.50	17869.10	13788.70	12010.90	10392.60

数据来源：《2017中国教育统计年鉴》《2017中国教育经费统计年鉴》。

除了城乡生均教育经费投入上有差异，还存在师资力量与教学设施的差距。师资方面，城乡教师之间存在学历、工资水平、福利待遇之间的差距，虽然现在国家鼓励教师去农村教学，并进一步提高乡村教师的工资水平，但农村的基础配套设施与城市有一定的差距，社会保障福利相对不足，优质教师资源还

是倾向往城市流动,农村难以留住优质师资。教学设施方面,农村仍然落后于城市。

城乡二元结构表现出的城乡在经济上、教育资源占有积累上的差距势必对城乡学生的教育质量产生影响,以至于造成高等学校入学机会的城乡差异。王伟宜、吴雪基于我国 16 所高校实证研究发现,就入学机会的数量而言,城乡子女的高等学校入学机会差异 30 年来一直处于缩小的趋势,基本上实现了城乡入学机会的均等化;而在教育质量方面,差距仍然存在。[1] 由于家庭的经济状况、地区的经济发展和教育条件的限制所造成的学生学业成果的差距依然存在,城乡二元结构间接影响高等学校入学机会的公平。

二、社会阶层差异的影响

社会阶层是社会分层的结果。社会学用地质分层的现象形容人们的社会地位、社会各群体之间会像岩石一层层叠加,按照从高到低的顺序出现层化,[2]是社会流动[3]的结果。社会分层是人类社会发展的必然结果。根据马克思主义阶级理论——以生产资料占有的多寡区分社会阶层(级),社会分层从奴隶社会就已经开始。随着现代社会的发展,尤其是资本市场的不断分化以及劳动力市场的精细化分工、阶级的概念逐渐弱化,以“阶层”取而代之。相应地,阶层分化的衡量指标变得丰富。本研究中,以父母职业及受教育程度、家庭经济状况、生源所在地等非学生自身的“元因素”作为考查高等学校入学机会公平问题的参考因素,实际上是在考察学生家庭背景所呈现的社会阶层与高等学校入学机会公平之间的关系。

阶层是指在一个社会中因不同的经济地位划分出的不同层次,或者由不

---

① 王伟宜、吴雪:《高等教育入学机会获得的城乡差异分析——基于 1982—2010 年我国 16 所高校的实证调查》,《复旦教育论坛》2014 年第 6 期。

② 周怡等:《社会分层的理论逻辑》,中国人民大学出版社 2016 年版,第 6 页。

③ 社会流动从方向上判断,有垂直流动和水平流动。本书主要围绕垂直流动展开讨论。

同的阶级出身,因某种类似的特征形成的社会集团,依据一定的标准将社会划分为不同的阶层就是社会分层。① 这些标准常见的有出身、职业、收入以及学历。依据职业可以将人划分为社会管理者、农业劳动者、企业经营者等;依据收入可以将人划分为高收入群体、中等收入群体以及低收入群体;依据学历可以将个人的受教育程度划分为小学、初中等。

国外较早研究教育机会公平的文章是《科尔曼报告》,该报告证明子女的学习成绩与父母的家庭背景有莫大的相关性。此后拉夫特里等人通过爱尔兰教育扩张的历史提出"最大化维持不平衡"(MMI)理论模型,该理论认为经济条件好的父母会千方百计地让其子女受教育机会最大化。

在国外研究的影响下,国内逐渐出现了相关的研究并进一步深入。葛春在《社会阶层与教育公平》中提到教育不公平的根源在于社会的分层结构,不同的社会阶层通过"单位"的力量、"家庭"的力量和"精英联盟"的力量这三种机制来干预教育的选择,为同一阶层中的成员提供教育优势,实现"社会阶层"的再生产。② 吴康宁在《教育社会学》中也指出,教育机会的不均衡与阶层差异的相关性日益显著,尤其是经济和文化阶层的相关性。③ 侯定凯在《高等教育社会学》一书中重点探讨制度、家庭与高等教育机会均等的关系,认为集经济、文化等诸多社会资本的阶层群体能够为他们的子女在学校和专业选择方面提供优势。④ 从理论上来说,学术界普遍认同这样的观点:导致教育机会差异的原因多种多样,先赋因素如个人的智力与才能,后赋因素如家庭经济状况、父母受教育程度、家庭氛围与家庭文化、教师的教学方法、国家政策的变化、学生户籍所在地等交织在一起,共同作用于教育机会上。后赋因素如家庭的经济状况、父母受教育程度、父母的职业这些因素是划分社会阶层的依据。

---

① 宋红霞:《社会阶层与高等教育机会均等的相关性研究》,博士学位论文,陕西师范大学,2009 年,第 16 页。
② 葛春:《社会阶层与教育公平》,《当代教育评论》2014 年第 1 辑。
③ 吴康宁:《教育社会学》,人民教育出版社 2007 年版,第 121—142 页。
④ 侯定凯:《高等教育社会学》,广西师范大学出版社 2004 年版,第 31—65 页。

除了理论上阐释社会阶层对高等学校入学机会的不公平影响,也有学者从实证的角度进行证明。张扬发现受教育机会与学生的家庭背景呈显著相关,父母的职业、收入、受教育程度的不同直接或间接地影响子女的受教育机会,在经济、文化、社会资源占据优势的阶层,其家庭子女更容易获取优质高等教育机会。① 陈晓宇通过大数据的调查发现,父母受教育程度是影响子女高等教育质量的最重要因素之一,优质高等教育机会大幅度地倾向来自大城市、行政管理干部以及父母学历层次较高的这些高阶层家庭的子女。② 王伟宜基于 1982 年到 2010 年我国 16 所高校的实证调查,发现高等学校入学机会的获得存在明显的阶层差异,虽然优势阶层的子女获得高等教育入学机会呈下降趋势,但始终在社会平均水平的 2 倍以上。③ 基于理论和实证的研究,基本上可以认定社会阶层的差异会对高等学校入学机会产生影响。

(一) 教育分流背景下家庭总体性资本的影响

教育与社会系统的关系研究,主要基于教育获得与社会地位的关系展开。社会学家关注教育机会公平与社会阶层之间的关系,主要应用冲突理论和功能论加以解释,布尔迪厄的文化资本理论和文化再生产理论成为一枝独秀,从文化的传承角度分析学校、社会阶层和个人之间的关系。通过研究发现,社会阶层、社会流动和高等学校入学机会之间有着千丝万缕的联系。高等教育入学考试,习惯称之为"高考",是学校教育系统内最为重要的教育分流形式。经过高考之后,这些学生未来几年的发展路径基本确定,对学生及其家庭的重要性不言而喻。教育分流作为社会分流的一部分,对高等学校入学机会公平

---

① 张扬、施培菊:《城乡家庭背景对子女受教育机会影响的实证研究——以南京农业大学学生为样本》,《扬州大学学报(高教研究版)》2015 年第 1 期。

② 陈晓宇:《谁更有机会进入好大学——我国不同质量高等教育机会分配的实证研究》,《高等教育研究》2012 年第 2 期。

③ 王伟宜:《高等教育入学机会获得的阶层差异分析——基于 1982—2010 年我国 16 所高校的实证调查》,《高等教育研究》2013 年第 12 期。

问题与社会阶层流动、个体的向上发展都会产生重要影响,因此接下来的分析有必要从教育分流开始。

1. 教育分流促成个体间的入学机会差异

教育分流①,即人才培养的分流,是现代学校教育系统的一个主要功能,是学校教育系统根据社会的需要和学生个人的意愿与条件,把完成一定阶段教育的学生,有计划、分层次、按比例地分成几个流向,分别接受不同类型的、不同层次的教育,以培养社会发展所需要的各级各类人才。② 新修订的《中华人民共和国教育法》第一章第五条明确指出,"教育必须为社会主义现代化建设服务、为人民服务,必须与生产劳动和社会实践相结合,培养德、智、体、美等方面全面发展的社会主义建设者和接班人",即学校教育目的是将全部教育对象大致分成两大类型——国家各种层次的管理者和各个领域的劳动者,都是社会主义建设者和接班人。法定的教育目的在确认教育对象分层的同时确认了教育分流性质。片面地认识教育目的,容易误导社会公众对中等以下阶段学校教育的认识。③

在社会系统与教育系统互动过程中,教育分流与社会分层和社会流动关系密切,三者通过职业产生互动。1990 年全国总工会曾发起一项调查,发现个人受教育程度越高,那么其在社会分层中处于较有利的状态、个人社会流动的境况也比较理想,享有较高的社会地位。④ 在学校教育系统内,每一次教育分流都影响学生日后的发展,是学生个体逐步实现社会化、完成社会流动的过程。与农业社会相比,工业社会摒弃了世袭制度,社会流动频繁。特别是在现代社会,教育机会极大地帮助弱势阶层改善了自身的处境——教育机会从特权阶层拥有的垄断型权利到一种人人皆可获得"大众资源",再到成为工作竞

---

① 教育分流从范围上分为校际分流和校内分流。本书主要围绕校际分流展开讨论。
② 董泽芳、陶能祥:《高等教育分流的理论与实践》,华中师范大学出版社 2010 年版,第 17 页。
③ 许庆豫等:《教育分流论》,江苏教育出版社 2005 年版,第 79 页。
④ 许庆豫等:《教育分流论》,江苏教育出版社 2005 年版,第 77 页。

争中的资源而变得日趋重要。① 因此,对于普通的社会个体而言,获得教育机会、完成学业是获得一份较为理想和体面的工作、拥有较好质量生活的必经途径。当学生进入学校教育系统后,家庭背景一直在对学生的学业成绩、身心发展发挥着不可小视的作用。这些看不见的因素帮助学生积累竞争力,并在教育分流时得以发挥作用。高考作为大多数学生在学校教育系统分流的最后一次机会,对学生及其家庭来说意义重大。从某种意义上说,一个人获得高等学校入学机会的质量,决定了他在未来一段时间内参与社会竞争的实力,以及最终所处的社会阶层。②

2. 家庭总体性资本拉开入学机会差距

在学校教育系统里,学生个体行为在统计学上反映的是具有相似家庭背景的一类阶层对教育机会获得的影响。本研究将采用孙立平提出的"总体性资本"③概括学生的家庭背景,包括的政治资本、文化资本、经济资本、社会资本等内容,构成这些资本的因素有父母的职业、受教育程度、学生生源所在地、经济状况等。在教育分流过程中,家庭总体性资本参与到每一次教育机会的竞争中。换言之,优势家庭参与学生成长和学校教育教学程度高,具有明显的优势。④ 在义务教育阶段,国家实施就近入学政策虽然在一定程度上扼制了"择校风";初中毕业(中考)第一次教育分流时,家庭总体性资本的作用开始显现,教育分流的作用不仅是实现学生对将来接受职业教育还是学术教育的选择,也助推了社会分层;高中阶段就已经出现了社会分层,优质中学的学生群体中以城市和优势家庭生源居多。⑤

---

① [美]格尔哈特·伦斯基:《权力与特权:社会分层的理论》,关信平等译,浙江人民出版社 2018 年版,第 427—428 页。

② 刘精明等:《教育公平与社会分层》,中国人民大学出版社 2016 年版,第 174—175 页。

③ 孙立平:《总体性资本与转型期精英形成》,《浙江学刊》2002 年第 3 期。

④ 吴重涵、张俊、王梅雾:《是什么阻碍了家长对子女教育的参与——阶层差异、学校选择性抑制与家长参与》,《教育研究》2017 年第 1 期。

⑤ 杨东平:《高中阶段的社会分层和教育机会获得》,《清华大学教育研究》2005 年第 3 期。

多数家长寄希望于学生通过接受更高层次的教育来实现人生转变。然而在学校教育体系内,社会通过教育分流的形式实现阶层的分化与聚合,并在高等学校入学机会的关口上实现社会阶层的排斥与固化。"总体性资本"本身是一个集合概念,因此不能具体区分哪种类型的家庭总体性资本对学生获得高等学校入学机会提供了更为有力的竞争力。撒列尼等人认为,不同类型且相互独立的资本通过一定的交换过程可以实现转换。孙立平则认为,这与其说是资本间的转换不如说是同一种资本在不同领域展现的过程。①

在本研究中,学生家庭总体性资本构成体系中,除文化资本具有较高的独立性外,其他类型的资本具有一定程度的相互依附性。学生在追逐高等教育入学机会的准备过程中,学生父母的职业社会声望高且处于社会上层,越有利于构建优质的家庭社会资本,其他类型的资本也必然与职业接触的资源相匹配,优势家庭的总体性资本具有较强的转换和交换能力。家庭总体性资本转换的实质是资本整合的过程。家庭总体性资本与家庭所处阶层是相匹配的。如果一个家庭拥有较为丰富的经济资本,其文化资本弱一些,那么这个家庭总体性资本就是以经济资本为主。文化资本可以通过经济资本的转化提升实力。在高等学校入学机会扩大的背景下,不同阶层的家庭都会将家庭总体性资本发挥到最大化以帮助学生获得高等学校入学机会,无论结果如何,都是最有益于自身教育利益最大化的策略选择,也是不同阶层家庭总体性资本博弈后的结果。②

此外,吴愈晓的研究认为,"在教育分流的体制下,重点校制度和学轨制(tracking)在一定程度上造成了教育机会的不公平。本质上是国家制度安排下的一种社会分层机制,各教育阶段获得优质教育机会存在阶层的不平等且具有累积性"③,学校教育是一个连续的教育活动,每一次教育分流都是"承前

① 孙立平:《总体性资本与转型期精英形成》,《浙江学刊》2002 年第 3 期。
② 刘精明等:《教育公平与社会分层》,中国人民大学出版社 2016 年版,第 172 页。
③ 吴愈晓:《教育分流体制与中国的教育分层(1978—2008)》,《社会学研究》2013 年第4 期。

启后"的关键点,所以高等学校入学机会公平问题更加外显,牵涉的关系复杂。除此之外,随着考试制度改革的深化,高考考察的内容更加注重素质教育与应试教育的结合,在很大程度上进一步提高了高等教育入学的门槛。在这一系列过程中,国家用教育分流机制重新对社会阶层进行分化、用考试制度的方式从形式上保证了教育机会公平竞争的实现,而在关涉实质公平问题上,展现出的则是不同阶层、不同家庭之间的角力。

（二） 独特的文化资本的影响力

在高等学校入学机会竞争过程中,文化资本作为家庭总体性资本的一部分有着特殊的力量。根据法国社会学家布尔迪厄等人的研究,高等学校入学机会竞争的结果之一是个体获得了学历证书——制度化的文化资本。文化资本作为一种家庭(族)惯习,影响力在于潜移默化且不易被外人察觉,具有较强的稳定性。家庭文化资本有助于支持学生的学业选择,而阶层文化则存在着区隔和排斥的潜在的危险。布尔迪厄提出文化资本的概念以揭示文化与教育的社会等级再生产功能以及社会选择过程中的不平等现象。[①]

文化资本对学生获得高等学校入学机会的影响,表现在家庭文化氛围、家长对学生的教育期望以及学生在学习过程中从家长处获得的支持。父母的受教育程度是最直接有效的文化资本,对学生获得高等学校入学机会具有重要意义。[①]家庭文化氛围涉及家庭无形知识的传袭,需要时间的积累;家长的教育期望对学生来说是一种正向的激励,父母受教育的程度和毕业的高等学校极有可能成为学生的目标;在学习过程中,文化资本强的家庭,不仅能为学生提供学业方面的"答疑解惑",更重要的是家长自身拥有一套较为成熟和理性的教育理念和方法,能够帮助学生制定合理的学习目标和学习计划、提高获得相关信息的效率、甄别学习资源从而避免盲从等,不仅有益于提高学生的学习

---

① 　朱伟珏:《同济社会学评论·社会理论卷》,社会科学文献出版社 2014 年版,第 71 页。

成绩和效率,更重要的是提升学生个人素质。①

文化资本具有一定的辨识度。不同阶层的人掌握的文化形式和内容不同,反映出来的行为在一定程度上带有本阶层的标识。只有少数形态文化可以与其他形式资本转换。如制度化形态的文化资本(即学历),可以通过个人努力实现掌握,甚至赶超;又如文化商品也可以用金钱购买。唯独形体化的文化资本——个人的修养、教养很难快速掌握。这种独特的文化资本需要经过几代人的传袭内化为文化基因。正因如此,我国提出教育脱贫正是为了斩断贫穷文化代际传递的土壤,在2012年开始进行面向贫困地区的"专项计划"拓宽教育脱贫通道。

现代社会,信息传播渠道发达、速度快,促进了不同阶层之间的了解,减少了社会阶层间的文化鸿沟。② 但是仍要警惕阶层之间的文化差异可能导致的社会裂痕。一旦这种文化屏障在不同阶层之间形成,成为"下意识"阶层排斥时,很难打破一个阶层对另一个阶层形成的"刻板效应",不利于阶层的流动,催化社会的阶层固化,难以消除不同阶层之间因区隔所产生的误解。

三、用人单位筛选标准影响学生的入学选择

用人单位选人标准成为普通家庭及学生个人在填报高考志愿时的风向标,高等学校的性质、类型、声望、专业和该专业的就业前景等都成为学生及家庭要考察和衡量的因素。高等学校毕业生的先赋因素和后致因素对其初次就业产生影响。所谓先赋因素主要指大学生的性别、年龄等基本信息;所谓后致因素包括所学专业、学校排名、专业成绩及在校表现,如学生干部经历、党员、

---

① Ilya Prakhov,"Barriers Limiting Access to Quality Higher Education in the Context of the USE:Family and School as Constraining Factors",*Theoretical and Applied Research*,No.1(2015),pp. 88-117.

② [美]格尔哈特·伦斯基:《权力与特权:社会分层的理论》,关信平等译,浙江人民出版社2018年版,第431页。

社团活动经历等。

学历成为大学生顺利实现初职的第一块敲门砖。在信息不对称的劳动力市场，招聘单位无法完整地获得求职大学生的个人信息，以学历作为单位选人的标准以及日后晋升的依据是最为便捷和高效的方式。[①] 在高等教育大众化的背景下，用人单位看重初次求职者的第一学历，即"学校历"。[②] 其他条件相同的情况下，受教育水平较高的劳动者在劳动力市场获得更高的收入。这一现象在世界各地和各个时期都普遍存在。[③] 在我国，伴随着互联网的兴起，市场经济的活跃度进一步提升，国家提出的"大众创新、万众创业"的口号鼓励大学生自强自立。受教育水平与经济收入的紧密程度虽在一定程度上瓦解，但仍然影响着社会个体的经济收入。高等学校作为学生个人和就业市场的纽带，学校的社会声望、学校的层次对学生顺利实现初次就业具有一定的影响。

在整个学校教育过程中，特别是在高等教育阶段，学生完成人力资源向个人资本的转化，完成专业知识的训练和积累，也要在一定程度上完善自己的社会人角色、积累自身的社会资本。人力资本理论认为，教育是投资人力资本的重要形式之一，潜在地认为受教育水平与劳动者的收入正相关，劳动者受教育水平越高，其经济收入越高，整个劳动者队伍的受教育水平的提高能够促进社会生产率的提高。这一理论的问世，引起了国际社会的重视，推动了各国高等教育的发展。然而扩张的高等教育并未如人力资本理论的预测带来经济大发展，相反"文凭膨胀""教育过度"成为高等教育发达国家的一个普遍社会现象。美国社会学家斯宾塞（M.Spencer）和索洛（R.Solow）等人提出的筛选假设理论，似乎对这种现象给予了可接受的解释——他们认为教育只是一种"信号"。实际上高等教育本身并不能直接影响大学生在就业市场的竞争力，而

---

① ［美］格尔哈特·伦斯基：《权力与特权：社会分层的理论》，关信平等译，社会科学文献出版社 2018 年版，第 502 页。

② 刘海峰：《高考改革的统独之争》，《教育发展研究》2006 年第 21 期。

③ 刘泽云：《教育经济学》，华东师范大学出版社 2008 年版，第 101 页。

是以增加人力资本存量的方式或加强就业能力"信号"的方式提升大学生的竞争力。[1] 在就业市场上,学历这种信号更像是"集成性标签"——拥有此类信号的求职者,其他方面也是与之相匹配的,是一种默认的结果。在信息不完全对称的就业市场,用人单位通过信号筛选求职者,完成招聘工作。这种以"学历、校历论英雄"的办法对非重点高等高校的毕业生非常不公平。不仅造成了人才的浪费,也造成高等教育的浪费。人力资本的内涵非常丰富,不仅包括个体后天所获得的知识、技能,还有健康、迁移能力、思想观念等。[2] 如前所述,就业市场的陈旧选才观念和不完善的选才机制反过来破坏了高等学校入学机会的良性竞争状态。

在教育分流机制下,职业教育和学术教育具有相同地位,培养对象的发展方向不同。而社会公众对职业教育的认知仍受到落后意识影响,认为只有接受高中教育、考入大学才能够实现"出人头地"——将接受更高层次的教育等同于好的工作。在这种传统观念加持下,优质高等学校入学机会的竞争更加激烈。刘泽云研究发现,随着我国高等教育的快速发展和经济结构转型,中、高等教育成为普通家庭一项有价值的投资。[3] 用人单位在选人用人上仍存在"唯学历论"和人才使用的高消费倾向[4],这两种情况都造成了人才的极大浪费和教育浪费——在招聘市场上,学历歧视、学校歧视的现象将真人才挡在了门外;把本科生当专科生使用、研究生当本科生使用的现象屡见不鲜。就业市场释放出的用人的信号,调动学生家庭和学校积极性以迎合市场的用人偏好。导致学生自身兴趣和专长被忽略,一味地拔高教育层次;高等教育系统也存在

---

[1] 陈永杰:《大学生就业能力与社会不流动》,《武汉大学学报(哲学社会科学版)》2011年第3期。

[2] 阙祥才、唐永木:《人力资本:概念、理论、方法》,《当代经济(下半月)》2008年第11期。

[3] 刘泽云:《上大学是有价值的投资吗?——中国高等教育回报率的长期变动(1988—2007)》,《北京大学教育评论》2015年第4期。

[4] 谢维和等:《中国高等教育大众化进程中的结构分析——1988—2004年的实证研究》,教育科学出版社2007年版,第75—77页。

结构失调、教育资源浪费的情况。

综上所述,教育分流机制下的社会流动使相似背景的家庭集合为相同阶层,每一次教育分流中,不同阶层之间、相同阶层不同家庭的学生竞争教育机会的目的相似,竞争的激烈性却随着教育层级的提高而白热化。重点校制度帮助不同教育阶段优质学校获得更多教育资源,而且在阶层分化中发挥了隐蔽的作用。学校教育系统的推手间接导致高等学校入学机会公平受到侵蚀;学生家庭总体性资本的作用在于间接帮助学生获得更好的教育资源以在高考中处于优势地位;就业市场释放出的信号直接影响了家庭在学生教育上的选择、高等教育系统内部的结构和发展方向;等等。社会分层反作用于教育分流制度,进一步阻碍了高等学校入学机会实现实质公平。高等学校入学机会公平虽引起了党和国家、全社会的关注,国家也在扫除障碍实现机会公平的问题上加大了力度,破除"五唯",但这也需要给予时间使相关政策发挥作用。

在社会系统中,阶层的较量始终围绕教育系统、就业市场以及家庭三者之间展开。就业市场释放的用人信号对家庭高等教育选择产生重要影响,高等学校本身的声望也影响着家庭的选择,这些因素推动社会阶层在流动中重新分化和固化。高等学校入学机会公平的问题,小到关系社会个体的发展,大到影响教育与经济的发展。实际上促进社会经济发展的是技术,而非教育。[①]教育虽然以一种"附属"的形式存在,对地方经济有很强的依附性——经济发达有助于增加教育投入,经济落后必然影响教育的发展。当今社会提出的"知识经济"中知识的来源相当广阔,而绝非仅指学校教育所提供的知识,也不能将知识等同于技术。更自由、便捷地接受高等教育服务也是大众化教育中的应有之义,所以评价人才的观念和机制必须跟上社会发展的步伐,改革势在必行。

---

① 杨克瑞:《教育与经济发展:雾里看花何处是尽头》,《山东科技大学学报(社会科学版)》2011年第2期。

第五章　高等学校入学机会
公平的实现路径

党的十九大报告指出,我国社会主要矛盾已经转化为人民日益增长的美好生活需要和不平衡不充分的发展之间的矛盾。报告里多次提到"以人民为中心""永远把人民对美好的生活的向往作为奋斗目标"。那么,聚焦高等教育领域,主要矛盾就是人民日益增长的优质高等教育需要与高等教育不平衡不充分的发展之间的矛盾。①② 具体而言,实现我国高等学校入学机会公平,就要以"学生为中心""以发展促公平",切实提高学生的幸福感。不断提升高等教育政策水平、不断促进高等教育发展、不断提升高等教育质量,完善政府的治理水平和调动社会的力量。概括起来,就是要"补短板、提质量",提升我国高等学校入学机会的公平水平。

第一节　补足当前高等教育发展短板

教育公平是社会公平在教育领域的延伸,教育公平的发展状况是社会公

---

① 欧以克、付倩:《开放改革以来我国高等教育政策价值取向演变分析》,《高教论坛》2019年第10期。

② 范国睿:《教育制度变革的当下史:1978—2018——基于国家视野的教育政策与法律文本分析》,《华东师范大学学报(教育科学版)》2018年第5期。

平的缩影、反作用于社会发展的稳定性。提升我国高等学校入学机会公平,以学生的发展为中心、以满足学生的多元选择为实现路径、以提高高等教育公平程度为落脚点,"选择适合自己(孩子)的学校比一味追求名校可能更重要"①。高等教育不同于义务教育和高中阶段教育,除了培养高素质人才外,还承担着积极投身于社会服务,引领科学技术前沿的研究和高深知识的创新、创造的任务。提升高等学校入学机会公平,不仅是满足广大学生及其家庭等普通社会公众对高等教育的需要,更具战略意义的是为高等学校输送优质生源,通过接受系统化的培养,实现从"学苗"到"学霸",不断提升学生自身潜能,进而为国家发展与进步贡献智慧和力量。

提升高等学校入学机会公平是一项系统工作,要依靠国家、高等学校、个人多方共同努力才能实现。根据短板效应,首先要补足当前高等教育领域中的短板,才能更好地促进高等学校入学机会公平。

一、完善高等教育体系与布局

我国高等教育经历过数次体制改革后,形成了中央—地方两级管理的高等教育管理体制。实践证明,地方高等学校、高职高专院校具有较强的吸纳能力,对我国职业教育发展、培养技术人才的作用功不可没。提升高等教育质量,必须使高等教育体系中每一个节点都能发力、发挥作用。应加强对高等教育质量特别是国家重点建设项目的评估,只有双管齐下才能使高等教育保持良序健康发展。

(一) 顶层设计完善"三纵两横"的高等教育体系

完善现有高等教育体系,重视不同层级高等学校的发展、切实提高教育质量,保障学生高等教育选择的多元化。我国政府应完善现有的"三纵两横"的

---

① 陆有铨:《教育的哲思与审视》,人民教育出版社 2016 年版,第 368—369 页。

高等教育体系,即纵向上由专科—本科—研究生教育构成、横向上由普通高等教育和职业教育构成的立体式高等教育格局。

1949年新中国成立后,我们党和政府采取了一系列措施对旧教育进行改造,同时逐步建立起新中国的高等教育制度。1950年,教育部召开了第一次全国高等教育会议,此后出台了一系列法规文件,如《高等学校暂行规程》《专科学校暂行规程》《私立高等学校管理暂行办法》《关于实施高等学校课程改革的决定》和《关于高等学校领导关系的决定》等,构建起我国专科—本科—研究生三个层次的高等教育体系以及高等学校的招生与分配体制。① 随着我国高等教育的自身发展和壮大,专科教育的地位逐渐走向边缘化。特别是进入高等教育大众化之后,这种趋势愈加明显。从招生人数和在校生人数看,专科招考人数减少,而普通本科教育成为学生继高中教育后的首选,近些年研究生招生人数和规模也持续增加。正如柯林斯所言:"专科教育原本是作为大学的另外一种选择而设计的,现在却成为中学成绩较差的学生们最后的教育流动机会,同时也被用来抚慰那些未能进入大学的学生。"②

加强高等教育各层级建设势在必行。多层次的高等教育体系既能满足学生的选择权、找到适合自身发展的高等教育,也符合高等学校自身发展利益、实现高等教育培养目标。专科教育、本科教育和研究生教育承担的培养人才的目标是不同的,千校一面——专科学校都集中力量"升本";本科学校将"拿下"硕士点、博士点作为学科的发展目标等,这些急功近利的短视发展观都是不可取的,破坏了高等教育层级体系原有的"均衡"。考虑到未来人们对优质高等学校教育机会和更高教育需求的情况,政府要加快对应用型本科高校的转型引导。例如,政府增加对应用型本科高校转型的政策指导、技术和财政支持,激发应用型本科高校的内在转型和发展动力,提升其在人才培养目标、学

---

① 刘海峰:《高等教育史》,高等教育出版社2010年版(2016重印),第190页。

② [美]兰德尔·柯林斯:《文凭社会:教育与分层的历史社会学》,刘冉译,北京大学出版社2018年版,第216页。

科与课程设置、人才培养模式等方面与高职院校的衔接性,构建二者的衔接机制。专科学校和高职院校可以依托当地社会发展,立足本校实际,发挥"专业设置灵活、能针对地方经济发展特点调整专业设置和课程设置,有效地满足地方用人需求"①的优势,实现内涵式发展。充分利用专科教育和高职院校在实用技能领域的优势,深化教学改革,深化与社会用人单位的交互、寻求合作,积极探索"订单培养"模式,这既解决了学生就业的顾虑,又满足了当前及未来一段时间社会用人的需要。

(二) 地方均衡调整高等教育布局

随着我国新型城镇化建设的深入,一些经济和社会发展充分的省份可以考虑将本省大型城市中过于集中的大学城功能部分转移至本省的中小城市。有条件地微调本省高等教育布局,通过调整,不仅可以带动当地经济和社会各项事业发展,同时有助于省内均衡发展——不仅能缓解大城市人口过于集中的压力,而且中小城市的发展势头和社会基础设施保障也能够使当地高等学校(部分)转移成为可能,②更积极的意义在于高等学校的转入地可以依托高等学校生成新的文化中心,有助于改善和提升当地的文化环境及氛围。2017年,"双一流"工程的重大战略决策推动了高等教育质量实现跨越式发展。但是,这一工程应在设计和实施中逐步转变我国一直采取的重点战略方式,以扭转各地高等教育布局不均衡的局面。高等教育进入普及化阶段以后,入学机会总量会继续增加,这就意味着参与高等学校入学竞争的数量会越来越多。与此同时,"人们的民主意识及其对入学机会公平的诉求也愈加强烈"③,这就

---

① 谢维和等:《中国高等教育大众化进程中的结构分析——1988—2004 年的实证研究》,教育科学出版社 2007 年版,第 137 页。

② 张德祥、贾枭:《我国高等教育布局结构优化的一个战略选择——逐步向中小城市布局高等学校》,《西北工业大学学报(社会科学版)》2018 年第 4 期。

③ 靳培培、周倩:《高等教育普及化阶段的入学机会公平:透视与提升》,《河南师范大学学报(哲学社会科学版)》2020 年第 3 期。

对弱化高等学校入学机会的区域分配差异、构建公平的高校招生名额分配机制提出了更高要求。

各层级高等教育质量的进一步提升,客观上将促使中央和地方政府思考调整高等学校空间布局。从高等教育体系内部来看,高等教育布局结构的调整将影响中央和省级高等教育管理部门对教育资源的分配,在一定程度上将有助于改善弱势学校的处境,同时推动高等学校入学机会供给者本身得到公平发展的机会。从高等教育体系外部看,高等学校布局调整有利于缩小地方经济和社会发展的差距,进一步带动中小城市及其周边地区的社会和经济发展,尤其是文化生活水平的提高。区域内高等教育布局调整是一项复杂的系统工程,对地方政府的治理能力和执政水平、当地经济和社会发展都极具挑战性,因此需要进行科学的论证和规划、谨慎决策、妥善处理。

(三) 完善高等学校办学质量的监督与评估机制

加强对入选"双一流"工程名单的高等学校和学科的绩效考核和监督管理,完善评估体系,是新时代我国高等教育体系实现良性运转、推动完善高等教育治理现代化的必然要求。党的十九大报告中指出,"让每个孩子享有公平而有质量的教育","加快一流大学和一流学科建设,实现高等教育内涵式发展"。"双一流"工程是我们党和政府在高等教育领域里继"211 工程"和"985 工程"之后提出的又一重大战略决策,入选"双一流"工程名单的高等学校和学科,相对获得更多的教育资源,应承担相应的发展责任。因此加强对这些高等学校和学科的绩效考核,是对学校负责、更是对国家和社会负责。

1. 新常态下监督机制的作用

从长远看,只有当有效的监督发挥作用、成为悬在高等学校头上的一把"利剑"时,才能有效地促进高等学校自觉完善内部治理结构、提升学术科研水平,才能更好地保证国家和地方的投入"物尽其用"。

推动高等学校现代治理结构改革任重道远,是一项中央和地方高等教育管理部门和高等学校互相配合、动员社会相关组织协同参与的系统工程。必须在坚持社会主义办学方向、"双一流"工程建设的目标、深化教育领域综合改革等背景下,加强高等教育体系内的体制改革,不断完善机制。这既要求高等教育管理部门转变职能、简政放权,还要求高等学校完善自身发展和约束机制——不仅要进一步完善高等学校的监督机制,还要建立健全"能上能下"的退出机制。①

2. 积极动员社会力量参与高等教育发展

引入绩效考核,实质上是对"双一流"工程质量管理的手段之一,将评价考核的工作交由具备资质的第三方社会机构来完成,公信力更高。引入社会力量参与评价的意义在于:有利于高等教育管理部门实施宏观质量管理,为高等教育决策提供参考;有利于评估高等学校实施"双一流"工程建设、把脉高等教育质量,为高等教育质量的持续提升提供依据;有利于进一步激发社会力量参与高等教育事业,发挥社会监督功能,提供信息来源。②

引入社会机构参与"双一流"工程建设的相关工作,有利于调动社会力量参与高等教育发展的积极性,有利于推动高等教育治理结构改革,有利于充分发挥政府、高等学校和社会组织三者的功能、增强政府—高等学校—社会组织的互动,促进社会各系统的良性运转。退出机制的设置可以对"双一流"工程名单中的高等学校形成一种压力大于荣誉的制约,对非"双一流"高等学校形成正向激励,推动其积极探索适合本校"内涵式发展"的道路,力争早日进入"双一流"名单。从而推动高等教育体系内部形成良好的竞争态势,尽快实现我国高等教育治理现代化。这种监督管理对高等学校是一个契机,在一定程度上可以保证学生获得高质量的高等教育。政府对高等教育体系中的"弱势

---

① 马利凯:《治理理论视阈下中国高等教育重点建设质量保障研究》,博士学位论文,吉林大学行政学院,2016年。

② 余小波、陆启越、范玉鹏:《"双一流"建设中引入大学社会评价机制的思考》,《评价与管理》2018年第1期。

群体"——特别是经济实力薄弱的地方高等学校和必须要保留的、发展式微的专业要加大资源倾斜力度,助推其自身的发展,同时这些弱势学校要立足于自身优势、结合本地发展特色,调整专业设置、加强师资队伍的建设,完成自身的"供给侧改革"。

目前,我国经济发展处于"供给侧改革"的关键期,随着我国经济转型和国际环境的变化,我国高等教育的发展应紧跟时代步伐。对"双一流"工程建设的高等学校进行绩效考核、对弱势的高等学校和学科提供支持,正是从高等教育提供者的角度为高等学校入学机会公平清除障碍、提升我国高等教育的综合实力及质量。倒逼高等教育体系主动求变、实现"内涵式发展"[1],优化教育资源的合理配置。

二、加强高等学校与用人单位的合作

用倒推的逻辑,从高等教育结果公平反观入学机会公平,在就业市场上用人单位以"高校级别"和"专业对口"作为筛选高校毕业生的重要标准,相同学历、相同专业背景的学生可能因为来自不同的高校,而导致就业机会不同,这有可能会进一步拉大优质高校与非优质高校的差距。在新常态背景下,以高等学校出口为突破口,加强用人单位与高等学校的合作,可以起到提升高等学校入学机会公平的作用。具体来说,可以让用人单位积极参与高校人才培养过程,使用人单位了解高校毕业生的真实能力,从而改进其只以高校级别挑选毕业生的方式,提高对人才的包容性以减少人才评价机制的路径依赖。

(一) 用人单位积极承担人才培养之责

用人单位作为社会系统的重要组成部分、高素质人才的使用者、高等教育的受益者,应积极分担人才培养的责任。高等学校作为学校教育的终点站,承

---

① 喻聪舟:《面向 2035 的高等教育治理现代化——新时代我国高等教育治理现代化的审思》,《当代教育论坛》2018 年第 5 期。

担着向各级各类社会组织输送人才的任务。作为主要的人才培养基地,高等学校提供的教育资源相对有限,无法保证满足所有学生的培养需求以及用人单位的人才需求。高等学校的培养周期、课程结构、人才培养方案等方面的设置与社会的快速发展相比,存在一定滞后性,因此容易产生毕业生在校所学技能与用人单位需求脱节的问题——"毕业即失业""学无所用"的现象大量产生。用人单位对人才的"偏好"又直接影响学生报考时对学校、专业的选择,如前所述,学生的这种看似有理有据的高等教育选择,存在着一定的风险性。在当前国家大力倡导"大众创新、万众创业"的口号下,高等学校与用人单位加强合作,从工作实践出发对学生加以就业和创业指导,有助于学生平稳地步入社会、顺利跨出个体社会流动的第一步。特别是在制造业,传统的学徒制仍不失为一种培养技能型人才的有效方式。高等学校与用人单位应积极合作,探索"走出去、引进来"的新方向——这将突破传统的"高等教育提供前沿的科学技术知识、用人单位提供资金支持"的机械合作模式,最大限度地调动双方的积极性,共同为学生的职业生涯发展保驾护航。

用人单位参与高等学校的人才培养,是一项双赢之举。用人单位承担培养人才的责任,有利于学生将所学专业知识、理论与实践操作结合,切实提高其就业竞争力,潜在地激发一些学生抓住创业契机;有助于用人单位在培养阶段综合考察求职者;有利于用人单位(工厂)在学生实习过程中提升自身技术水平,实现科技引领、技术创新。正如贝克尔(Gary S.Becker)所指出的:"某些技能的培养要有专门的教育又要求有经验,这种技能就可以部分通过企业培训,部分通过学校培训来进行。"[①]

从高等教育发展的长远角度看,用人单位分担人才培养的责任,在一定程度上缓解了学生及其家庭对未来职业发展的担忧。有利于学生及家庭依据就业结果和当前就业形势、创业项目作出更为理性的高等教育选择,选择适合自

---

① ［美］加里·贝克尔:《人力资本(原书第3版)》,陈耿宣等译,机械工业出版社2016年版(2017重印),第44页。

身发展、满足个人兴趣爱好的高等教育层次和学科,减少盲目跟风或武断放弃高等教育机会事件的发生概率。有利于促使高等学校打破舒适圈,增强社会服务意识,主动回应社会,推动学校内部资源整合。

高等学校入学机会公平是高等教育公平的起点,但其影响却贯穿高等教育始终。用人单位分担高等教育人才培养的责任、与高等学校的合作,是从高等教育过程和结果两方面进一步提升高等教育公平程度,进而促进高等学校入学机会公平。教育作为个体实现社会流动的阶梯,联结了学生及其家庭与社会,毕业生能够按照个人意愿实现个体社会流动的第一步对其日后的职业发展至关重要。这将切实提高学生接受高等教育的"获得感、幸福感、安全感",使其感到"更加充实、更有保障、更可持续",减少了人为因素对个体实现社会流动的掣肘,进一步提高社会公平的程度。

(二) 用人单位改进毕业生选拔条件

当前的就业市场仍属于买方市场,用人单位仍占据着选择优势、拥有较强的话语权。它们的一举一动、对人才的偏好如同风向标,影响着学生高等教育选择的结果。

1. 打破唯学校论的用人观念

作为用人单位,要以包容和开放的胸怀向求职者敞开大门。首先要破除唯学校论。以事实为依据,从唯学校论、唯学历论转向唯能力论。我国提供各级各类学历教育的学校主体是由政府组织的、接受教育管理部门领导的,其颁发的毕业证书和学位证书是具有持续效力的通行证——为社会认可和接受。[1] 国家实行的"重点校政策"等对高等学校划分层次的做法也在一定程度上强化了社会公众对高等学校更具层级性的认识,导致不同层次的高等学校学生从入学起就被贴上身份的标签。随之而来,不同层级的高等学校吸引到

---

① [美]兰德尔·柯林斯:《文凭社会:教育与分层的历史社会学》,刘冉译,《北京大学出版社》2018 年版,第 207 页。

的用人单位必然存在较明显的区别。这客观地造成了在就业市场上优质高校的学生对非优质高校的学生的排斥,降低了社会的流动性。

2. 加强社会教育服务组织与用人单位的合作

许多由社会组织提供的教育服务,弥补了学校教育的不足,尤其是在技能培训方面尤为突出。然而,社会组织提供的"证书""行业认证"在就业市场上的"分量"不一而足,接受度和美誉度相对较低,完全取决于用人单位对人才的认定标准,存在一定的运气因素。还有一部分年轻的求职者,虽然学校教育背景方面不足,但却在某一方面拥有天赋般的才能,却也极有可能因缺乏相关机构的"证明"而处于待业状态。用人单位可以通过向在校生提供一些实习岗位,促进双方进一步了解,帮助在校生明晰自身的专业发展方向、初描行业现状、评估自身现有的实践能力以及理论上的不足。

3. 完善人力资源信息库的建设

互联网深入我国社会的各个方面,应依托大数据为用人单位提供更翔实的求职者档案,打破就业市场信息不对称的状态。这项工作的有效开展是用人单位实现"依能力选人用人"的先决条件,而要完成这一庞大的工程,需要全社会共同参与——政府负责宏观管理,提供必要的资源支持,出台相应的个人信息公开的规范文件;高等学校负责指导学生完善个人求职档案,向数据库的运行方提供必要的数据和技术支持;社会组织则负责数据库的建设和维护等工作。

三、个人理性认识高等教育的作用

个人应理性认识教育的作用,树立正确的高等教育公平理念。从而能够在进行教育选择前有明确的学业生涯规划和职业发展目标,能够理性看待个人的发展与接受高等教育之间的关系,作出理性的选择。具体而言,个人应对自身有客观的评价,对高等教育的作用有理性的认识。只有认清自己,才能更加理性地选择适合自己的教育层级,从中获得幸福感。个人树立高等教育公平理念的过程是一个长期的过程,离不开家庭、学校、社会的支持和指导。

(一) 学校尽早开展职业生涯教育

个人对自身要有客观的认识,才能更加从容地面对每一次抉择,比如教育分流、职业生涯规划。对自身的客观评价应包括对自己的性格、爱好、健康状况、学业能力、抗压能力、工作志向等方面的评价。这项工作可以通过与家长的沟通、与老师的讨论完成,还可以借助专业的职业生涯规划评估机构完成。我国为学生群体开展职业生涯教育的起步较晚,且尚未形成系统的、连续的课程体系。职业生涯相关课程多数在高等学校开设,授课对象为大二、大三的本科生,然而此阶段学生所学的专业已经确定、专业发展的方向基本明晰,此时开展职业生涯教育收效甚微。教育管理部门应加快学生职业生涯规划教育体系的建设,尽早开展相关方面的教育以帮助学生早日建立规划自身职业生涯的意识,同时有利于后期有针对性地开展相关的准备工作和活动。作为家长,应提高信息敏感度,帮助学生认识自己、了解兴趣点,帮助学生查找和收集感兴趣的职业和专业的信息。

(二) 个人理性选择高等学校及专业

教育能够促进个人发展、实现自身进步。然而在终身学习的语境下,学校教育提供的资源有限,学校能够提供的教育也不够。在教育选择方面,学生普遍存在着跟风、武断放弃学业的现象——不选适合自己发展的高等教育形式和内容、只选"别人选的高等学校或专业",这是对自身缺乏客观评价的表现。这就造成了高等教育资源的浪费,也在无形中侵害了他人的高等教育权益。

高等教育作为社会个体向上流动的渠道,其作用不言而喻。将个人日后从事的工作、收入和职业发展,以及向上流动的动力完全与接受高等教育的程度挂钩是不可取的,教育在对收入差距的影响中只起到很小的作用。① 大学阶段的学习,除了理论知识的训练,更重要的是引导学生养成自学的能力,为个人的终身学习打下基础。选择不同的专业,一定程度上可以帮助其实现就业,但如果仅守着自己的专业,而不在其他方面对自己进行投资、提升自己的能力,不努力拓宽就业渠道,同样将在劳动力市场中失去竞争力。

第二节　教育系统内外合力保障机会公平

高等教育机会不公平的实质为公众对优质高等教育资源的切实需求与高等教育不充分不均衡发展的事实矛盾,实现我国高等学校入学机会公平,就是要充分发展高等教育,解决高等教育现有的发展问题,不断提升高等教育质量,做到理论层面与现实层面相结合。

在观念层面转变效率优先的教育发展指导理念,重视政策制定与落实的公平价值取向,合理调控高等教育的布局结构,促进地区间高等教育的均衡发展,同时用人单位和个体都要理性认识高等教育的作用——用人单位要改进人才吸引与评价机制,加强与社会教育服务组织的合作,完善自身人力资源信息库的建设;个人要理性认识自己的能力局限,做好职业生涯规划,拒绝专业选择的盲目跟风。

在现实层面,要推动城乡一体化建设,深化分配制度改革,促进阶层的积极平稳流动,在经济发展的基础上合理调整高等教育的布局与结构,促进区域间高等教育的均衡发展,为促进高等教育的机会实现提供现实基础。同时要完善教育政策的制定与执行体系,建立高等教育资源配置的平衡机制,调整、完善高等教育选拔与弱势群体的资助政策,注重教育政策的公平价值取向,形成教育系统的内外联动,协力保证高等学校机会公平。

---

① ［美］加里·贝克尔:《人力资本》(原书第 3 版),陈耿宣等译,机械工业出版社 2016 年版(2017 重印),第 6 页。

一、教育系统内——为高等学校入学机会公平提供内部支撑

教育公平问题首先要从教育系统内部着手,为高等学校入学机会公平提供内部支撑。因此,首先要在教育系统内部推动相关政策体制改革,改善现有政策制定体系与政策执行体系。

(一) 完善教育政策制定体系,注重公平价值追求

教育政策作为公共政策的一种,以解决特定时代、特定国家或地区的特定教育问题为宗旨,具有鲜明的时代性,而公平作为人类活动的最高标准和追求目标,同样也是教育政策追求的最高理想和目标,是教育政策的最高价值标准和价值追求。[①] 教育公平问题源于教育政策,教育政策是否公平是影响教育公平的关键因素。[②] 具体可以从提高政策制定者素质、提高政策制定公众参与度、完善政策制定的程序、推动现有教育政策的补进等方面入手。

1. 提高政策制定者素质,提升政策制定公众参与度

教育政策具有层次性与模糊性,从中央到地方,政策制定者层级越高,所制定的政策往往越宏观,政策的指导性越强、操作性越弱。[③] 即便是同一层次的教育政策,往往也需要出台一系列的实施细则,使政策目标、对象与措施更具体化、更可操作。如果政策制定者无法准确判断与政策执行者之间的关系,缺乏对相关利益群体的整体考量,导致其所制定的利益分配方案对各方利益界定不清晰,就会造成政策的价值失衡,进而在后续政策执行过程中引发冲突和对抗。因此要提高政策制定者自身的能力与素质,政策制定者也要不断学

---

① 欧阳恩剑、刘波:《公众参与:教育政策公平价值的重要保障》,《高教探索》2019 年第 3 期。

② 朱永坤、白永:《教育政策制定程序:教育政策公平性的重要影响因素》,《现代教育管理》2011 年第 10 期。

③ 凌健、毛笛:《高等教育政策执行中的有限响应与反思——以 A 省地方高校章程建设为例》,《复旦教育论坛》2018 年第 6 期。

习,合理运用科学的政策理念、理论和思维来制定教育政策,保证政策制定内容的公平价值追求。

公众参与作为教育政策制定的必要程序,对教育政策公平起着重要的保障作用。教育政策的科学化、民主化与法制化离不开公众参与。"教育不是模式化的过程,不是外力强制过程,而是个体自主的选择过程。"①教育政策作为公共政策,其本质上代表着公众的根本利益,因此要加强公共政策制定过程中公众参与的相关法律建设,健全地方政府信息公开制度,向公众详细阐释政策制定的目的、过程与预期要取得的目标,不断提高大众的政策水平,通过开展座谈会、建立网络信息收集平台等,充分拓宽公众参与政策制定的渠道和方式,保障不同利益群体在政策制定中的诉求得到满足,促使教育政策始终以广大人民群众的根本利益为出发点,作出最符合人民群众根本利益的政策选择。

2. 健全教育政策程序化决策机制,注重政策的价值选择

教育政策制定程序包含政策问题确立、目标选择、方案设计与权衡、实施以及监督评估等环节。要解决教育公平问题必须对症下药,健全教育政策程序化决策机制,注重教育政策的公平价值选择。在政策的指导思想上,要纠正"重效率、轻公平"的老观念,在重视政策价值要求的基础上,实现社会价值与个体价值、工具理性与价值理性的统一,做到既要重视公平又要兼顾效率;在教育环境上,塑造重视政策价值的教育环境,保障政策实施的价值取向;在政策的目标上,处理好公共教育利益和个人教育利益二者的关系;在教育政策的监督评估上,把公平的价值标准作为教育政策评估的重要标准,进而从根本上解决教育不公平问题。

3. 推动现有教育政策的再制定,创新机制保障机会公平

公平是社会中的收入、财富、地位和权力等的分布。由于公共政策确定了人与人之间相互竞争的条件和规则,所以公共政策对上述分布的影响是决定

---

① 马明、邢永富:《国家教育权力的边界——斯宾塞同等自由视域下的解读》,《教育学报》2016年第2期。

性的,而教育部门的政策影响人们入学,进而影响到将来的工作和收入。① 教育政策体系的完善是从宏观层面纠正政策制定上的公平价值失衡问题,促进高等学校机会公平还需要从微观层面入手,加大政府对高等教育事业的投入、建立高等教育资源配置平衡机制、变革招生录取制度、调整高等教育选拔模式、建立高考政策公平评价机制、构建弱势群体政策补偿机制,通过政策的再制定与机制创新保障高等学校机会公平。

(1)加大政府对高等教育事业的投入

高等教育属于准公共产品,国家、社会、家庭和个人均能从中受益,应根据利益获得和支付原则构建受益各方合理参与的教育成本分担机制。② 目前我国高等教育经费仍是以政府投入为主,不同高校收费标准不一,不同省份对高校投入经费也不同,经济发达地区对高校的投入要远远超过欠发达地区,影响了高等学校机会公平,导致经济欠发达地区的教育事业更为落后。迫于财政压力,欠发达地区的省份会倾向减少地方高校招生指标;欠发达地区会压缩公办学校招生指标,增加民办高校招生指标向平民群众转移,缓解财政压力。因此政府要加大对高等教育事业的投入,适当降低个人和家庭在高等教育中的成本分担比例,同时拓宽筹措教育经费的渠道,通过教育立法或政策优惠鼓励社会资金投入教育,确保财政性教育经费支出的增长态势,从根源上解决优质高等教育资源不足问题,保障高等学校机会公平。

(2)建立高等教育资源配置的平衡机制

教育资源的分配有三种倾向:一是一视同仁,达到形式上的公平;二是补偿原则,向弱势群体倾斜;三是向强势人群倾斜,而教育资源的分配向强势人群倾斜是影响最坏的一种倾向。③ 在我国,优质高校集中在经济发达城市,在

---

① 李文胜:《中国高等教育入学机会的公平性研究》,北京大学出版社 2008 年版,第 83 页。

② 王后雄:《我国高考政策的公平性研究》,博士学位论文,华中师范大学,2008 年,第 207—208 页。

③ 杨东平:《试论促进教育公平的教育公共政策》,《人民教育》2005 年第 7 期。

基础设施和师资生源层面,优质高校要远远优于普通高校。同时随着高等教育的大众化,公众对高等学校机会公平的诉求逐渐从"量"的需求向"质"的需求转变,"质"的公平逐步成为高等教育公平问题的核心。[1] 这一问题具体表现在三个方面:一是优质高等教育资源短缺与社会对优质高等教育迫切需求存在矛盾,这是问题存在的主要矛盾;二是高等教育的质量差异造成了不同阶层高等教育选择的差异;三是区域高等教育的质量差异大于数量差异。其中"质"的不公平问题的根源在于优质教育的稀缺,为此政府要在加大对高等教育投入的前提下,充分利用政策与法律手段推动落后地区发展高等教育,优化高校合理布局,从数量和质量上保证高等教育区域资源均衡分布,促进发达地区与欠发达地区之间的高等教育资源实现均衡发展,建立高等教育资源配置的平衡机制,具体措施如深化东西部高校之间的交流合作,开展学术、师资、信息的交流,实现资源共享;推行教师流动制度,引导鼓励优质教师向欠发达地区的高等学校流动;政策优化,向普通学校、职业教育倾斜,推动高等教育稳步发展的同时,努力扶持职业教育的发展,按照人口比例设置高等学校,补偿原则下按学生比例和学校发展水平下拨教育事业经费等。

(3)逐步优化招生录取制度

高等学校入学机会公平与选拔方式直接相关,我国现行的统一高考制度,虽然具备了形式上的公平,但实际录取学生采用的是分省定额、划线录取的办法。考虑到国家区域经济、社会、教育发展不平衡的现状,分省定额、划线录取的做法虽有一定的合理性,但是在确定各省招生额度时,却存在着不公平的状况。这就导致各地区的录取线和录取分数存在差异,造成了城乡之间、区域之间的教育不平等。因此政府应该采取措施提供保障,诸如:对基础教育落后的地区实行地方保护和政策倾斜,加大招生力度,政府可以依据地区之间的差异情况进行适当补助;对高校资源丰富的地区应控制本地招生人数,适当扩大高

---

[1]　钟秉林、赵应生:《我国高等教育大众化进程中教育公平的重要特征》,《北京师范大学学报(社会科学版)》2007 年第 1 期。

校外地生源的比例;改革高校招生计划管理形式,将高度集中的指令性计划替换为适当灵活的指导性计划,进而使招生计划建立在科学合理的基础上,允许高校依据自身情况在适当范围内调整招生计划并向社会公布;坚守高校招考制度的公平性,保障不同学生个体、群体在获取高等学校入学机会上的程序性公平;各地招生录取的指标、名额及程序公开透明,接受公众监督。

(4)完善高等教育选拔模式

高考的公平性问题除了表现在教育资源区域分布不均衡带来的招生不平等,还表现在区域内部,即统一的科目设置与命题所带来的城乡、性别差异上的公平问题。考试内容与结构上的雷同、单一性,导致高考选拔不能照顾到考生的个人特质,而且不同科目难度是否均衡、试题的内容与命题方式是否照顾到了落后区域的考生等都会影响考试的公平性。因此,首先要变革当前经验型命题方式,注重考试命题的公平价值取向,加强高校招生考试的技术研究,通过科学的考试技术和评价技术对考试命题进行检验。其次要进一步细化综合评价的内容与标准,做到评价内容能够有效反映不同背景学生的特质。

(5)建立高考政策的公平评价机制

建立相应的高考公平评价指标,对高考公平现状进行系统的衡量与评价显得尤为重要。但目前我国高考统计和高等教育统计指标关注的重心集中在高等教育发展的速度、规模与结构效益上,对高考的公平状态和高等教育的统计基本上是描述性的,无法系统地呈现教育统计背后的价值取向和高考政策的导向性。要解决上述问题,对我国的高考公平状况进行有效测量和评价,需要设计一套合理的评价指标体系,好的评价指标应该满足四个特征:科学性,对高考公平现状能够作出有效的解释和评价;操作性,指标简洁,容易获取数据;实用性,可以方便地用于实际操作之中;可比较性,便于进行数据间的比较分析。高考公平指标体系作为一项明确的公平价值的指标体系,可以从高等教育入学率、高等学校入学机会、高考试题公平性、学生所属的地区、所属阶层等维度入手进行综合评价,争取做到客观地、不带任何偏见地评价所有考生,矫正高考所带来的公平差距。

(6)构建弱势群体教育资源补偿机制

弱势群体是指由于自然、经济、社会和文化方面的低下状态导致其在社会正常竞争中处于不利地位的人群。在我国,弱势群体的成分比较复杂,从受教育者自身状态角度来定位,弱势群体就是指那些因为生理、经济、文化或其他客观原因而在享有和行使受教育权时处于不利地位的人群。① 主要包括低收入阶层、妇女儿童、残疾人以及农村落后地区人群。②

当前,国内优质教育资源稀缺,为了保证高等教育的机会公平,必须从政策上对弱势群体进行补偿。具体措施有:以补偿原则为基础,补偿文化、教育方面处于弱势地位的落后地区考生,给予落后地区考生降低分数线的政策优惠;改革分省定额的招生方式,优质教育名额一定程度上向落后地区倾斜;完善国家助学贷款制度,设立助学基金会,建立实施对贫困大学生的救助制度,鼓励勤工俭学,依据贫困程度实施差异补助,通过减免学费、发放生活补助、优先安排校内补助工作等减少低收入阶层的高等教育支出;在物质方面给予弱势群体资助的同时也要兼顾精神层面的资助,学校和相关部门对于资助生的相关信息要进行适当保护,其次加强对贫困学生积极人生观的培养,树立正确的人生观和价值观;继续推进免费师范生制度,免费师范生名额向贫困学生倾斜,倡导高校按办学成本收费,让学生拥有多种选择。对弱势群体的补偿实质上就是对高等教育资源的再分配,使得资源向有利于弱势群体的方向倾斜,以此来弥补弱势群体在高等学校入学机会分配中的不公平,进而减少社会的不公平。

---

① 王后雄:《我国高考政策的公平性研究》,博士学位论文,华中师范大学,2008 年,第205—206 页。

② 朱金花:《教育公平:政策的视角》,博士学位论文,吉林大学,2005 年,第114—115 页。

（二）建立行之有效的教育政策执行体系，保障政策执行的公平性

从政策本身来看，政策的出台有其目的性和针对性，无论何种政策总需要面对和解决相关的政策问题，而政策自身也是针对政策问题被设计和制定出来的。① 但是政策确定后，在政策出台到问题解决这段时期内还有一个非常关键的环节，那就是政策执行，政策执行是解决政策问题、实现政策目标的关键一步。政策执行主体与制定主体的利益博弈、政策执行的工具选择以及政策执行监督与评估机制都在影响政策执行的公平性，为此要建立行之有效的教育政策执行体系，保障政策执行的公平价值取向。

1. 提高政策执行主体素质，规范政策执行主体行为

由于个人的能力、价值取向和社会定位不同，不同的人对同一政策会产生不同的理解。因此，会出现由于政策执行主体的个人素质问题导致对教育政策的解读出现偏差，这种偏差的存在既有个人素质的原因，也有出于利益博弈的故意错误解读的存在。为此要提高政策执行主体素质，规范执行主体行为。具体措施如：通过培训加强政策执行主体对政策文本的解读，在政策内容上凸显公平价值、政策制定上明确执行主体的权责范围，在权责一致原则下使得政策执行主体能够在执行政策时保持自身中立立场，从而保障教育政策执行的公平价值；加大对政策执行主体的认可度，最大限度地使政策执行主体与政策制定主体的利益趋于一致，使执行主体跳出自我利益的小圈子，保证政策执行的客观性；要认识到教育政策执行环境的区域差别，适当地给予政策执行主体因地制宜执行政策的权力，放权的同时也要加强对权力行使的监督。

2. 选取适当的政策工具，提高政策执行的有效性

政策工具作为连接教育政策目标和教育政策结果的桥梁纽带，对政策执

---

① 王智超、杨颖秀：《教育政策执行滞后问题的深层思考》，《教育理论与实践》2009 年第16 期。

行效果起着重要影响。① 当前国内对教育政策工具的选取存在没有考察政策工具的适用范围与条件、思量政策工具的可行性与有效性、工具滥用、政策工具单一化的问题。在政策工具选取前必须要明确教育政策的目标和目标人群,熟悉教育政策执行的环境,再依据教育政策的相关内容选取适当的政策工具,统筹考察政策工具的适用范围与优缺点,注重工具选取的可行性、有效性,对工具进行合理选择与科学组合,保障政策执行的有效性。

3. 完善教育政策执行的监督评估机制

教育政策是一个涉及不同层级、不同内容的复杂政策系统。从监督与评估的主体看,政策执行的监测与评估的主体呈现多元化的特点,要协调发挥各个主体在监督评估过程中的作用,其中教育政策的执行者对政策执行过程中的各种信息最为了解,因此能最大限度保障政策执行监督与评估过程的真实性,在政策的监督与评估机制中发挥重大作用,但考虑到其身兼监督与被监督者双重身份,在对政策执行者进行监督的过程中要尽量规避"监守自盗"的现象;从教育政策执行监督与评估的专业机构来看,国内尚且缺乏针对不同层级、不同类型的教育政策执行情况进行监督与评估的专业组织,因此政府要大力扶持一些高校及教育政策研究中心,提高组织的专业技术水平;从社会监测与评估来看,要重视公众意见,拓宽公众参与政策监督与评估的渠道,倾听公众的愿望和诉求;从监督与评估的过程来看,监督工作必须贯穿政策执行的始终,各级部门对政策执行的效率和效益要给予及时反馈,评估过程中要重视政策执行的价值标准,破除收益至上的尴尬局面。

二、教育系统外——为高等学校入学机会公平提供现实基础

教育系统作为社会的子系统,和社会其他系统相互制约、相互影响。谈高等

---

① 衣华亮、姚露露、徐西光:《转型期教育政策执行偏离探析:政策工具的视角》,《江苏高教》2015 年第 3 期。

教育发展不能忽视经济基础,否则只能是空谈。经济基础决定上层建筑,造成我国高等学校入学机会不公平的根本原因是我国区域经济发展的不平衡,区域经济的不平衡发展又带来城乡、阶层之间的贫富差距。"从根源上讲,教育公平所面临的突出矛盾,主要是社会公平所存在的问题在教育领域中的集中反映。"①因此,想要改变这种不公、保障高等学校机会公平,就要从根本上解决问题,提高落后地区经济实力,推动城乡一体化建设,深化分配制度改革,促进阶层流动。

（一）打破城乡二元结构,推动城乡一体化建设

城乡二元经济结构形成的主要原因不是市场因素而是政策因素,制约城乡协调发展的体制性障碍和户籍管理制度是其形成的根本原因。② 城乡二元结构不仅拉大城乡居民的收入差距,造成地区经济发展不平衡、城乡居民文化素质差距扩大等问题,还令农村在教育、医疗卫生、社会保障等公共事业领域发展滞后,造成了农民受教育不平等的问题,影响整个国民经济体制的协调发展。因此要打破城乡二元结构,国家必须加强对农业的投入,调整国民收入分配结构和财政支出结构,加大对农业的支持和保护力度,并加快农业结构性调整,全面提升农产品品质,优化区域和城乡结构,实现农业的可持续发展。同时还要加快户籍制度改革,彻底消除城乡壁垒,促进人口流动,促进城乡劳动力的合理分工,推动城乡一体化建设。

（二）深化收入分配制度改革,促进阶层良性流动

家庭所属的社会阶层差异对高等教育机会均等的影响是客观存在的,而家庭经济状况是决定阶层差异的关键因素。③ 当前我国的阶层差距实际上是

---

① 吴霓、王学男:《教育扶贫政策体系的政策研究》,《清华大学教育研究》2017 年第 3 期。
② 季丽:《关于我国城乡二元经济结构问题研究观点综述》,《经济纵横》2006 年第 13 期。
③ 宋红霞:《社会阶层与高等教育机会均等的相关性研究》,博士学位论文,陕西师范大学,2009 年,第 105 页。

在家庭总体经济实力提高基础上产生的差距,是在共同富裕目标下产生的相对差距并非绝对差距,而阶层差距是大多数国家在工业化过程中不可避免的现象。因此,要承认差距、重视差距,深化收入分配制度改革,增加城乡居民收入。合理的收入分配制度是社会公平的重要体现,无论是初次分配还是再分配,都要处理好公平和效率的关系,再分配更注重公平。逐步提高居民收入在国民收入分配中的比重,提高劳动报酬在初次分配中的比重。逐步提高低收入者收入,逐步提高最低工资标准,建立企业职工工资正常增长机制和支付保障机制。扩大转移支付,强化税收调节,创造机会公平,整顿分配秩序,逐步扭转收入分配拉大趋势,缩小阶层差异,促进阶层合理、良性的流动。

教育领域中的问题不单纯是教育的问题,教育系统与其他社会系统是相互制约、相互影响的,这种双向作用处于动态发展之中,无法被割裂或静止地看待,因此,要真正实现高等学校入学机会公平,就必须实现教育系统内外联动,协同发挥作用。拉动落后地区经济发展,推动城乡一体化建设,促进社会阶层流动,这些与社会公平息息相关的举措虽并不对高等学校机会公平产生直接影响,却是教育机会公平的治本之策,可以为教育政策的制定、执行与监督评估提供财力支持,没有系统外部的经济基础,教育政策的实施举步维艰。而教育政策制定体系与执行体系的完善可以保证公平价值贯穿政策的始终,政策的监督与评估机制发挥监测与修正作用,能够最大限度避免人为因素造成的价值失衡现象,从各个层面保障高等教育机会公平,从而推动高等教育公平的实现,进而促进社会公平进入良性循环。

参 考 文 献

一、中　文

（一）专著

1. 财政部教科文司、教育部财务司课题组：《中国农村义务教育转移支付制度研究》，上海财经大学出版社 2005 年版。

2. 陈伯璋等：《教育公平》，高等教育出版社 2014 年版。

3. 陈强：《高级计量经济学及 stata 应用》，高等教育出版社 2014 年版。

4. 谭光鼎等主编：《教育社会学：人物与思想》，华东师范大学出版社 2013 年版。

5. 陈为峰：《美国弱势群体优质高等教育机会研究：基于美国一流大学综合评价招生制度的分析视角》，科学出版社 2019 年版。

6. 廖申白等主编：《正义与中国——〈正义论〉出版四十周年纪念文集》，中国社会科学出版社 2011 年版。

7. 董云川、张建新：《高等教育机会与社会阶层：一项基于多民族聚集省份高校的实证研究》，科学出版社 2008 年版。

8. 董泽芳、陶能祥：《高等教育分流的理论与实践》，华中师范大学出版社 2010 年版。

9. 改革开放 30 年中国教育改革与开发课题组：《教育大国的崛起：1978—2008》，教育科学出版社 2008 年版。

10. 宫留记：《资本：社会实践工具——布尔迪厄的资本理论》，河南大学出版社

2010 年版。

11. 顾明远:《教育大辞典(第六卷)》,上海教育出版社 1992 年版。

12. 侯定凯:《高等教育社会学》,广西师范大学出版社 2004 年版。

13. 李春玲等:《社会分层理论》,中国社会科学出版社 2008 年版。

14. 李立国等:《中国高等教育公平新进展——重点高校招收农村和贫困地区学生专项计划研究报告》,中国人民大学出版社 2018 年版。

15. 李文胜:《中国高等教育入学机会的公平性研究》,北京大学出版社 2008 年版。

16. 梁晨等:《无声的革命:北京大学与苏州大学学生社会来源研究(1949—2002)》,生活·读书·新知三联书店 2013 年版。

17. 刘海峰等:《高等教育史》,高等教育出版社 2010 年版(2016 年重印)。

18. 刘少杰等:《社会学理性选择理论研究》,中国人民大学出版社 2012 年版。

19. 刘泽云:《教育经济学》,华东师范大学出版社 2008 年版。

20. 陆学艺:《当代中国社会流动》,社会科学文献出版社 2004 年版。

21. 陆有铨:《教育的哲思与审视》,人民教育出版社 2016 年版。

22. 马凤岐:《教育政治学》,人民教育出版社 2007 年版。

23. 马志远、金瑞:《社会转型与教育公平:财政约束视角下的人才培养与资源配置》,江苏大学出版社 2017 年版。

24. 宁骚:《公共政策学》,高等教育出版社 2003 年版。

25. 邱天助:《布尔迪厄的文化再制理论》,桂冠图书股份有限公司 2002 年版。

26. 宋惠芳:《现代社会学导论》,山东人民出版社 2015 年版。

27. 宋韬:《中国高等教育入学机会差异问题研究》,光明日报出版社 2015 年版。

28. 苏君阳:《公正与教育》,北京师范大学出版社 2008 年版。

29. 孙绵涛:《教育政策学》,武汉工业大学出版社 2010 年版。

30. 汪泓:《社会保障制度改革与发展——理论·方法·实务》,上海交通大学出版社 2008 年版。

31. 王善迈等:《公共财政框架下公共教育财政制度研究》,经济科学出版社 2011 年版。

32. 王伟宜:《高等教育入学机会变迁研究》,清华大学出版社 2015 年版。

33. 温勇:《人口统计学》,东南大学出版社 2006 年版。

34. 文军:《西方社会学理论:经典传统与当代转向》,上海人民出版社 2006 年版。

35. 翁文艳:《教育公平与学校选择制度》,北京师范大学出版社 2003 年版。

36. 邬大光:《中国高等教育大众化问题研究》,高等教育出版社 2004 年版(2005

年重印）。

37. 吴康宁：《教育社会学》，人民教育出版社 2007 年版。

38. 吴忠民：《社会学理论前沿》，中共中央党校出版社 2015 年版。

39. 夏雪：《中国义务教育财政公平实证研究》，东北师范大学出版社 2015 年版。

40. 谢维和等：《效率与公平——高等教育资源区域分布与协调发展研究》，浙江教育出版社 2019 年版。

41. 谢维和等：《中国高等教育大众化进程中的结构分析——1988—2004 年的实证研究》，教育科学出版社 2007 年版。

42. 徐祥运等：《社会学概论（第四版）》，东北财经大学出版社 2015 年版。

43. 许庆豫等：《教育分流论》，江苏教育出版社 2005 年版。

44. 薛二勇：《教育公平与公共政策——促进公平的美国教育政策研究》，北京师范大学出版社 2015 年版。

45. 杨东平：《中国教育公平的理想与现实》，北京大学出版社 2006 年版。

46. 杨莹：《教育机会均等——教育社会学的探索》，师大书苑有限公司 1995 年版。

47. 姚大志：《何谓正义：当代西方政治哲学研究》，人民出版社 2007 年版。

48. 袁振国：《论中国教育政策的转变——对我国重点中学平等与效益的个案研究》，广东教育出版社 2000 年版。

49. 张立新：《中国大学入学公平提升：基于教育双重价值框架的理论分析与实证检验》，山东人民出版社 2014 年版。

50. 周怡等：《社会分层的理论逻辑》，中国人民大学出版社 2016 年版。

51. 朱伟珏：《同济社会学评论·社会理论卷》，社会科学文献出版社 2014 年版。

52. ［法］布尔迪约、帕斯隆：《再生产：一种教育系统理论的要点》，邢克超译，商务印书馆 2002 年版。

53. ［法］布尔迪厄：《国家精英——名牌大学与群体精神》，杨亚平译，商务印书馆 2005 年版。

54. ［法］布尔迪厄：《文化资本与社会炼金术》，包亚明译，上海人民出版社 1997 年版。

55. ［法］涂尔干：《社会分工论》，渠东译，生活·读书·新知三联书店 2000 年版。

56. ［加］威尔·金里卡：《当代政治哲学》，刘莘译，上海译文出版社 2015 年版。

57. ［美］加里·贝克尔：《人力资本》（原书第 3 版），陈耿宣等译，机械工业出版社 2016 年版（2017 年重印）。

58. ［美］德里克·博克：《美国高等教育》，乔佳义译，北京师范大学出版社 1991

年版。

59.［美］格尔哈特·伦斯基:《权力与特权:社会分层的理论》,关信平等译,社会科学文献出版社 2018 年版。

60.［美］兰德尔·柯林斯、迈克尔·马科夫斯基:《发现社会——西方社会学思想评述(第八版)》,李霞译,商务印书馆 2015 年版。

61.［美］兰德尔·柯林斯:《文凭社会:教育与分层的历史社会学》,刘冉译,北京大学出版社 2018 年版。

62.［美］罗伯特·诺齐克:《无政府、国家和乌托邦》,姚大志译,中国社会科学出版社 2016 年版。

63.［美］约翰·罗尔斯:《作为公平的正义》,姚大志译,中国社会科学出版社 2016 年版。

64.［美］玛莎·努斯鲍姆:《寻求有尊严的生活——正义的能力理论》,田雷译,中国人民大学出版社 2012 年版。

65.［美］斯蒂芬·P.罗宾斯、玛丽·库尔特:《管理学》,李原等译,中国人民大学出版社 2012 年版。

66.［美］西奥多·W.舒尔茨:《论人力资本投资》,吴珠华等译,北京经济学院出版社 1990 年版。

67.［美］西蒙·朱:《兴邦之路》,中国水利水电出版社 2015 年版。

68.［美］约翰·罗尔斯:《正义论》,何怀宏等译,中国社会科学出版社 2001 年版。

69.［瑞典］T.胡森、［德］T.N.波斯尔斯韦特:《教育大百科全书(第 2 卷):教育人类学、教育哲学、教育社会学、女性与教育、教育史》,张斌贤等译,西南师范大学出版社、海南出版社 2006 年版。

70.［印］阿马蒂亚·森:《以自由看待发展》,任赜等译,中国人民大学出版社 2012 年版。

71.［印］阿马蒂亚·森:《正义的理念》,王磊等译,中国人民大学出版社 2012 年版。

72.［英］A.C.庇古:《福利经济学(下卷)》,朱泱等译,商务印书馆 2014 年版。

73.［英］约翰·穆勒:《功利主义》,徐大建译,商务印书馆 2016 年版。

（二）论文

1. 何沙沙:《城乡义务教育财力资源的配置失衡问题与对策》,硕士学位论文,河北大学,2014 年。

2. 胡红霞:《我国高等教育入学机会公平的地区差异分析》,硕士学位论文,江西财经大学,2008 年。

3. 刘明慧:《城乡二元结构的财政视角研究》,博士学位论文,东北财经大学,2006 年。

4. 罗立祝:《我国高校招生考试政策研究》,博士学位论文,厦门大学,2007 年。

5. 马利凯:《治理理论视阈下中国高等教育重点建设质量保障研究》,博士学位论文,吉林大学,2016 年。

6. 欧阳美子:《农村义务教育学校布局调整政策执行问题研究——以吉林省某农村学校布局调整情况为例》,硕士学位论文,东北师范大学,2012 年。

7. 宋红霞:《社会阶层与高等教育机会均等的相关性研究》,博士学位论文,陕西师范大学,2009 年。

8. 唐爱东:《农村欠发达地区中小学信息化教育的研究》,硕士学位论文,河北师范大学,2017 年。

9. 王后雄:《我国高考政策的公平性研究》,博士学位论文,华中师范大学,2008 年。

10. 徐曼:《贺拉斯·曼公共教育思想研究》,硕士学位论文,山东师范大学,2008 年。

11. 杨维:《庇古福利主义伦理思想研究》,硕士学位论文,江西师范大学,2013 年。

12. 余祥蓉:《我国高等教育财政公平问题研究》,硕士学位论文,东北师范大学,2012 年。

13. 岳成朵:《户籍制度与居民教育获得研究》,硕士学位论文,中南财经政法大学,2018 年。

14. 翟博:《基础教育均衡发展研究》,博士学位论文,北京师范大学,2006 年。

15. 赵永辉:《我国高等教育支出责任与财力保障的匹配研究》,博士学位论文,华中科技大学,2012 年。

16. 朱金花:《教育公平:政策的视角》,博士学位论文,吉林大学,2005 年。

17. 蔡文伯、伍开文:《家庭背景对高等教育入学机会的影响——基于新疆的实证研究》,《教育科学》2014 年第 4 期。

18. 曹妍、张瑞娟:《我国一流大学的入学机会及其地区差异:2008—2015》,《华东师范大学学报(教育科学版)》2016 年第 4 期。

19. 常进雄、阮天成、常大伟:《扩招对我国城乡教育平等的影响研究——基于大学教育回报率与大学入学机会的视角》,《学术研究》2018 年第 7 期。

20. 陈宝生:《国务院关于高等教育改革与发展工作情况的报告——2016 年 8 月31 日在第十二届全国人民代表大会常务委员会第二十二次会议上》,《中华人民共和国全国人民代表大会常务委员会公报》2016 年第 5 期。

21. 陈彬莉:《教育:地位生产机制,还是再生产机制——教育与社会分层关系的理论述评》,《社会科学辑刊》2007 年第 2 期。

22. 陈冲、陈晓声:《家庭背景对高考成绩影响的二维路径分析》,《中国青年研究》2015 年第 1 期。

23. 陈建海、高辉:《我国高等教育入学机会的县域差异及其影响因素研究——基于甘肃 2007—2016 年高考录取数据的实证分析》,《高教探索》2019 年第 1 期。

24. 陈耐帅、陈友谊:《"211 工程"院校入学机会分布的区域差异分析》,《高校教育管理》2014 年第 3 期。

25. 陈鹏:《经典三大传统社会分层观比较——以"谁得到了什么"和"为什么得到"为分析视角》,《社会科学管理与评论》2011 年第 3 期。

26. 陈小伟、谢作栩:《3 种资本对不同民族子女高等教育入学机会影响的差异分析》,《教育与经济》2009 年第 4 期。

27. 陈晓宇:《谁更有机会进入好大学——我国不同质量高等教育机会分配的实证研究》,《高等教育研究》2012 年第 2 期。

28. 陈永杰:《大学生就业能力与社会不流动》,《武汉大学学报(哲学社会科学版)》2011 年第 3 期。

29. 谌红桃、杨振华:《父母教育背景对子女高等教育入学机会的影响:城乡对比》,《南京林业大学学报(人文社会科学版)》2009 年第 3 期。

30. 褚宏启:《关于教育公平的几个基本理论问题》,《中国教育学刊》2006 年第 12 期。

31. 单中惠、勾月:《基于学校和教室层面的教育机会公平——达林-哈蒙德的教育公平思想初探》,《比较教育研究》2010 年第 9 期。

32. 单中惠:《贺拉斯·曼和美国的普及教育》,《华东师范大学学报(教育科学版)》1985 年第 1 期。

33. 杜育红:《我国地区间高等教育发展差异的实证分析》,《高等教育研究》2000 年第 3 期。

34. 段禄峰:《我国城乡二元经济结构测度研究》,《生态经济》2016 年第 3 期。

35. 樊明成:《我国高等教育入学机会的城乡差异研究》,《教育科学》2008 年第 1 期。

36. 范国睿、孙翠香:《教育政策执行监测与评估体系的构建》,《教育发展研究》2012 年第 5 期。

37. 范国睿:《教育制度变革的当下史:1978—2018——基于国家视野的教育政策与法律文本分析》,《华东师范大学学报(教育科学版)》2018 年第 5 期。

38. 范静波、孟令东、杨晓平:《家庭因素影响子女高等教育入学机会趋势差异比较研究》,《中国高等教育》2019 年第 Z1 期。

39. 方芳、刘泽云:《2005—2015 年我国高等教育经费投入的变化与启示》,《中国高教研究》2018 年第 4 期。

40. 方淦:《一流大学促进高等教育公平的经验与启示》,《高教探索》2020 年第 7 期。

41. 方长春、风笑天:《家庭背景与学业成就——义务教育中的阶层差异研究》,《浙江社会科学》2006 年第 8 期。

42. Fu Alex Z.、唐艳、陈刚:《倾向得分法综述》,《中国药物经济学》2008 年第 2 期。

43. 高树仁:《高等教育公平的制度反思与实践逻辑》,《山东高等教育》2018 年第 6 期。

44. 葛春:《社会阶层与教育公平》,《当代教育评论》2014 年第 1 辑。

45. 龚群:《对以边沁、密尔为代表的功利主义的分析批判》,《伦理学研究》2003 年第 4 期。

46. 苟人民:《从城乡入学机会看高等教育公平》,《教育发展研究》2006 年第 5a 期。

47. 郭丛斌、闵维方:《家庭经济和文化资本对子女教育机会获得的影响》,《高等教育研究》2006 年第 11 期。

48. 郭矜:《财政分权对我国教育资源非均衡配置影响及原因分析》,《地方财政研究》2016 年第 2 期。

49. 郭书剑、王建华:《寒门贵子:高等教育中精英主义与平等主义的冲突》,《高等教育研究》2018 年第 10 期。

50. 郭小香:《贺拉斯·曼社会改良主义公民教育思想探析》,《学术交流》2011 年第 12 期。

51. 郭元祥:《对教育公平问题的理论思考》,《教育研究》2000 年第 3 期。

52. 郝文武:《高等教育公平的本质特征和量化测评》,《陕西师范大学学报(哲学社会科学版)》2012 年第 1 期。

53. 胡洁茹、王琪:《孔子与柏拉图教育平等思想之比较》,《内蒙古师范大学学报

（教育科学版）》2006 年第 3 期。

54. 胡敏：《"双一流"建设财政控制的地方实践困境与改进》，《华南师范大学学报（社会科学版）》2017 年第 4 期。

55. 黄巨臣：《农村地区教育扶贫政策探究：创新、局限及对策——基于三大专项招生计划的分析》，《贵州社会科学》2017 年第 4 期。

56. 季丽：《关于我国城乡二元经济结构问题研究观点综述》，《经济纵横》2006 年第 13 期。

57. 江涛：《舒尔茨人力资本理论的核心思想及其启示》，《扬州大学学报（人文社会科学版）》2008 年第 6 期。

58. 靳培培、周倩：《高等教育普及化阶段的入学机会公平：透视与提升》，《河南师范大学学报（哲学社会科学版）》2020 年第 3 期。

59. 李春玲：《高等教育扩张与教育机会不平等——高校扩招的平等化效应考查》，《社会学研究》2010 年第 3 期。

60. 李春玲：《社会政治变迁与教育机会不平等——家庭背景及制度因素对教育获得的影响》，《中国社会科学》2003 年第 3 期。

61. 李森：《教育公平理念的演进历程及其时代特性》，《高教发展与评估》2011 年第 5 期。

62. 李明、王鹏：《人才流动对地方政府高等教育投入的影响研究》，《湖南社会科学》2012 年第 3 期。

63. 李强：《社会分层与社会空间领域的公平、公正》，《中国人民大学学报》2012 年第 1 期。

64. 李润洲：《教育公平刍议》，《江西教育科研》2002 年第 4 期。

65. 李晓兵：《公正是结果还是过程？——功利主义公正观与〈正义论〉公正观的哲学思考》，《中共中央党校学报》2012 年第 6 期。

66. 林涛、成刚：《我国教育经费公平程度的经验研究》，《统计与决策》2008 年第 6 期。

67. 凌健、毛笛：《高等教育政策执行中的有限响应与反思——以 A 省地方高校章程建设为例》，《复旦教育论坛》2018 年第 6 期。

68. 刘额尔敦吐：《大众化视阈下少数民族高等教育入学机会研究》，《黑龙江民族丛刊》2010 年第 5 期。

69. 刘复兴：《教育政策的四重视角》，《清华大学教育研究》2002 年第 4 期。

70. 刘海峰：《"双一流"建设应注重效率兼顾公平》，《中国高等教育》2017 年第

19 期。

71. 刘海峰:《高考改革的统独之争》,《教育发展研究》2006 年第 21 期。

72. 刘精明:《高等教育扩展与入学机会差异:1978—2003》,《社会学》2006 年第 3 期。

73. 刘精明:《能力与出身:高等教育入学机会分配的机制分析》,《中国社会科学》2014 年第 8 期。

74. 刘凯、刘蕾:《西藏高等教育入学机会社会差异研究》,《西藏民族大学学报(哲学社会科学版)》2016 年第 2 期。

75. 刘群、孟永:《马克斯·韦伯的社会分层与文化》,《巢湖学院学报》2005 年第 1 期。

76. 刘亚敏、师东海:《21 世纪以来我国教育公平的基本理论研究探析》,《教育理论与实践》2009 年第 7 期。

77. 刘泽云:《上大学是有价值的投资吗?——中国高等教育回报率的长期变动(1988—2007)》,《北京大学教育评论》2015 年第 4 期。

78. 刘祖云:《社会分层的若干理论问题新探》,《江汉论坛》2002 年第 9 期。

79. 陆学艺:《当代中国社会十大阶层分析》,《学习与实践》2002 年第 3 期。

80. 路晓峰、邓峰、郭建如:《高等教育扩招对入学机会均等化的影响》,《北京大学教育评论》2016 年第 3 期。

81. 罗楚亮、孟昕:《高等教育机会不均与高中入学决策的城乡差异》,《教育经济评论》2016 年第 1 期。

82. 罗立祝:《缩小各阶层高等教育入学机会差异,促进教育公平——建国 60 年高校招生政策文本的视角》,《教育考试》2010 年第 6 期。

83. 罗依平:《地方政府公共政策制定中的民意表达问题研究》,《政治学研究》2012 年第 3 期。

84. 吕健、张宜慧:《优质高等教育机会公平对共享发展的影响分析》,《现代教育管理》2019 年第 10 期。

85. 马陆亭:《我国高等教育管理体制改革 30 年——历程、经验与思考》,《中国高教研究》2008 年第 11 期。

86. 马明、邢永富:《国家教育权力的边界——斯宾塞同等自由视域下的解读》,《教育学报》2016 年第 2 期。

87. 马宇航、杨东平:《城乡学生高等教育机会不平等的演变轨迹与路径分析》,《清华大学教育研究》2015 年第 2 期。

88. 马早明:《西方"教育机会均等"研究述评》,《教育导刊》2001 年第 15—16 期。

89. 孟瑞华、杨向东:《"流动"对儿童学业成绩的影响效应——基于倾向分数配对模型的估计》,《全球教育展望》2019 年第 7 期。

90. 欧阳恩剑、刘波:《公众参与:教育政策公平价值的重要保障》,《高教探索》2019 年第 3 期。

91. 欧以克、付倩:《开放改革以来我国高等教育政策价值取向演变分析》,《高教论坛》2019 年第 10 期。

92. 乔锦忠:《高等教育入学机会的城乡差异》,《教育学报》2008 年第 5 期。

93. 乔锦忠:《优质高等教育入学机会分布的区域差异》,《北京师范大学(社会科学版)》2007 年第 1 期。

94. 秦福利:《对我国现行大学生资助政策的审视和反思》,《黑龙江高教研究》2018 年第 2 期。

95. 曲垠姣、岳昌君、曲绍卫:《大学生资助政策发展脉络及特色》,《中国高等教育》2019 年第 7 期。

96. 阙祥才、唐永木:《人力资本:概念、理论、方法》,《当代经济(下半月)》2008 年第 11 期。

97. [法]让·克洛德·帕塞隆:《社会文化再生产的理论》,邓一琳等译,《国际社会科学杂志(中文版)》1987 年第 4 期。

98. 邵志芳、庞维国:《高考成绩性别差异研究的回顾与展望》,《华东师范大学学报(教育科学版)》2016 年第 1 期。

99. 沈文钦、王东芳:《世界高等教育体系的五大梯队与中国的战略抉择》,《高等教育研究》2014 年第 1 期。

100. 沈艳、张恺:《家庭背景对我国高等教育入学机会的影响——基于 2013 届高校毕业生调查的实证分析》,《教育学术月刊》2015 年第 5 期。

101. 石火学:《教育政策视角下的教育公平与效率问题研究》,《清华大学教育研究》2010 年第 5 期。

102. 石中英:《教育公平的主要内涵与社会意义》,《中国教育学刊》2008 年第 3 期。

103. 苏守波:《贺拉斯·曼的公民教育思想及其实践》,《山东理工大学学报(社会科学版)》2016 年第 3 期。

104. 孙诚、王占军:《我国普通高等学校师资队伍结构现状分析》,《大学(学术版)》2010 年第 4 期。

105. 孙华：《我国高校招生政策 100 年述评》，《复旦教育论坛》2007 年第 1 期。

106. 孙君恒：《分配正义的两种当代模式——罗尔斯的公平论与诺齐克的权利论》，《河南师范大学学报（哲学社会科学版）》2003 年第 5 期。

107. 孙立平：《总体性资本与转型期精英形成》，《浙江学刊》2002 年第 3 期。

108. 孙天华、张济洲：《社会阶层结构与高等教育机会获得——基于山东省的实证研究》，《湖北社会科学》2017 年第 1 期。

109. 孙伟、黄培伦：《公平理论研究评述》，《科技管理研究》2004 年第 4 期。

110. 谭敏：《少数民族高等教育机会的城乡差异研究》，《当代青年研究》2012 年第 11 期。

111. 唐卫民、姜育兄：《家庭收对高等教育入学机会影响——以辽宁省六所不同类型院校为例》，《现代教育管理》2010 年第 7 期。

112. 田正平、李江源：《教育公平新论》，《清华大学教育研究》2002 年第 1 期。

113. 涂丹、吴根洲：《重点高校入学机会城乡不公原因析论》，《教育考试》2012 年第 4 期。

114. 万斌、陈业欣：《公平概念的历史发展及当代意义》，《社会科学》2000 年第 4 期。

115. 王辉、王洪阁：《高校大学生资助政策的实施现状、问题及对策》，《黑龙江高教研究》2018 年第 3 期。

116. 王建华：《教育公平的两种概念》，《教育研究与实验》2016 年第 6 期。

117. 王丽娜：《发达国家基础教育阶段职业生涯规划教育的启示》，《科教导刊（下旬）》2018 年第 11 期。

118. 王少义、杜育红：《高等教育入学机会地域不公平研究》，《国家教育行政学院学报》2013 年第 5 期。

119. 王伟宜、陈兴德：《高等教育入学机会获得的城乡差异分析——基于 1982—2010 年我国 16 所高校的实证调查》，《教育研究与实验》2014 年第 5 期。

120. 王伟宜、吴雪：《高等教育入学机会获得的城乡差异分析——基于 1982—2010 年我国 16 所高校的实证调查》，《复旦教育论坛》2014 年第 6 期。

121. 王伟宜、谢作栩：《家庭文化背景对高等教育入学机会的影响》，《高教理论》2005 年第 4 期。

122. 王伟宜：《高等教育入学机会获得的阶层差异分析——基于 1982—2010 年我国 16 所高校的实证调查》，《高等教育研究》2013 年第 12 期。

123. 王伟宜：《我国不同收入家庭子女高等教育入学机会差异研究》，《辽宁教育研究》2007年第5期。

124. 王伟宜：《我国城乡子女高等教育入学机会差距变化研究（1982—2010）——基于四川省的实证调查》，《教育发展研究》2013年第1期。

125. 王咏梅、王东红：《试析马克思恩格斯的公平正义观》，《沈阳大学学报（社会科学版）》2016年第6期。

126. 王智超、杨颖秀：《教育政策执行滞后问题的深层思考》，《教育理论与实践》2009年第16期。

127. 文东茅：《家庭背景对我国高等教育机会及毕业生就业的影响》，《北京大学教育评论》2005年第3期。

128. 翁文艳：《教育公平的多元分析》，《教育发展研究》2001年第3期。

129. 吴亮：《美国高等教育入学机会的阶层公平保障：缘起、发展与趋势》，《高教探索》2020年第5期。

130. 吴霓、王学男：《教育扶贫政策体系的政策研究》，《清华大学教育研究》2017年第3期。

131. 吴秋翔、崔盛：《农村学生重点大学入学机会的区域差异——基于高校专项计划数据的实证分析》，《中国高教研究》2018年第4期。

132. 吴愈晓：《教育分流体制与中国的教育分层（1978—2008）》，《社会学研究》2013年第4期。

133. 吴重涵、张俊、王梅雾：《是什么阻碍了家长对子女教育的参与——阶层差异、学校选择性抑制与家长参与》，《教育研究》2017年第1期。

134. 夏雪、魏星：《高等教育入学机会的城乡与家庭阶层差异研究——基于五所省属高校的调查》，《教育经济评论》2020年第3期。

135. 谢作栩、王伟宜：《高等教育大众化视野下我国社会各阶层子女高等教育入学机会差异的研究》，《教育学报》2006年第2期。

136. 熊丙奇：《定向招生计划效果有限》，《教育》2013年第6期。

137. 徐玮、董婷婷：《试论教育公平与社会分层》，《北京化工大学学报（社会科学版）》2008年第1期。

138. 徐兴国：《高等教育学费和机会均等》，《教育与经济》2004年第4期。

139. 晏小敏：《从高等教育脉动看阶层差异与入学机会公平轨迹》，《理工高教研究》2010年第4期。

140. 杨东平：《高等教育入学机会：扩大之中的阶层差距》，《清华大学教育研究》2006年第1期。

141. 杨东平:《高中阶段的社会分层和教育机会获得》,《清华大学教育研究》2005年第3期。

142. 杨东平:《试论促进教育公平的教育公共政策》,《人民教育》2005年第7期。

143. 杨东平:《中国教育公平的问题和前景》,《二十一世纪论坛》2007年第12期。

144. 杨克瑞:《教育与经济发展:雾里看花何处是尽头》,《山东科技大学学报(社会科学版)》2011年第2期。

145. 杨倩:《云南省五个少数民族的高等教育入学机会差异分析——基于社会分层理论的视角》,《大学教育科学》2015年第5期。

146. 杨兴华、张格儿:《阿玛蒂亚·森和玛莎·努斯鲍姆关于可行能力理论的比较研究》,《学术论坛》2014年第2期。

147. 姚大志:《评福利平等》,《社会科学》2014年第9期。

148. 叶章和:《试论亚当斯公平理论在管理实践中的运用》,《苏州大学学报(哲学社会科学版)》1995年第2期。

149. 衣华亮、姚露露、徐西光:《转型期教育政策执行偏离探析:政策工具的视角》,《江苏高教》2015年第3期。

150. 殷文杰:《"项目治教":大学治理中技术理性对价值理性的僭越》,《高等教育研究》2016年第9期。

151. 余小波、陆启越、范玉鹏:《"双一流"建设中引入大学社会评价机制的思考》,《评价与管理》2018年第1期。

152. 余小波:《当前我国社会分层与高等教育机会探析——对某所高校2000级学生的实证研究》,《现代大学教育》2002年第2期。

153. 余秀兰、白雪:《向农村倾斜的高校专项招生政策:争论、反思与改革》,《高等教育研究》2016年第1期。

154. 余秀兰:《教育改革与教育公平》,《江苏高教》2007年第1期。

155. 喻聪舟:《面向2035的高等教育治理现代化——新时代我国高等教育治理现代化的审思》,《当代教育论坛》2018年第5期。

156. 喻恺:《高等教育机会公平:英国经验的启示》,《复旦教育论坛》2008年第3期。

157. 张德祥、贾枭:《我国高等教育布局结构优化的一个战略选择——逐步向中小城市布局高等学校》,《西北工业大学学报(社会科学版)》2018年第4期。

158. 张东海、李丽雪:《恢复高考以来高等教育入学机会家庭背景差异的变化趋势——基于中国综合社会调查(CGSS)数据的实证分析》,《黑龙江高教研究》2021年第 2 期。

159. 张东海、李莉:《扩招与高等教育入学机会地区差异的再分析》,《北京大学教育评论》2019 年第 17 期。

160. 张端鸿:《"双一流":新时期我国院校重点建设政策的延续与调适》,《教育发展研究》2016 年第 23 期。

161. 张方旭:《对马克思和韦伯社会分层理论的比较》,《法制与社会》2011 年第 10 期上。

162. 张光、尹相飞:《流动人口与地方教育财政投入——基于 2000—2011 年跨省数据的实证分析》,《教育与经济》2015 年第 6 期。

163. 张行、徐京波:《文化资本、世代差异与高等教育机会(1942—2013)——基于"社会发展与社会建设"数据的分析》,《教育学术月刊》2018 年第 5 期。

164. 张行:《高校扩招、重点高中制度与高等教育入学机会》,《教育学术月刊》2019 年第 1 期。

165. 张继平、黄琴:《高质量高等教育公平的四部曲》,《三峡大学学报(人文社会科学版)》2017 年第 4 期。

166. 张学军:《中国省际高等教育均衡发展问题与对策——基于河南省与全国的比较》,《郑州师范教育》2015 第 3 期。

167. 张杨、施培菊:《城乡家庭背景对子女受教育机会影响的实证研究——以南京农业大学学生为样本》,《扬州大学学报(高教研究版)》2015 年第 1 期。

168. 张玉婷:《从结构到文化——家庭背景与高等教育升学研究述评》,《复旦教育论坛》2011 年第 6 期。

169. 赵红军:《大学层面"985 工程"发展战略模式的选择》,《国家教育行政学院学报》2011 第 12 期。

170. 赵叶珠:《家庭背景对高等教育入学机会的影响》,《青年研究》2000 年第 3 期。

171. 郑琦、杨钋:《班级规模与学生成绩——基于 2015 年 PISA 数据的研究》,《北京大学教育评论》2018 年第 4 期。

172. 郑若玲、庞颖:《恪守与突破:70 年高校考试招生发展的中国道路》,《华中师范大学学报(人文社会科学版)》2019 年第 5 期。

173. 郑若玲:《高等教育与社会关系——侧重分析高等教育与社会分层之互动》,《现代大学教育》2003 年第 2 期。

174. 郑晓鸿:《教育公平界定》,《教育研究》1998 年第 4 期。

175. 郑毅:《高考招生平等的制度实现——以高招名额分配中的地方保护主义倾向为视角》,《教育与考试》2009 年第 6 期。

176. 钟秉林、赵应生:《我国高等教育大众化进程中教育公平的重要特征》,《北京师范大学学报(社会科学版)》2007 年第 1 期。

177. 钟云华、沈红:《社会分层对高等教育公平影响的实证研究》,《复旦教育论坛》2009 年第 5 期。

178. 周鸿:《科尔曼理性选择理论简析》,《广西师范学院学报(哲学社会科学版)》2003 年第 3 期。

179. 周丽萍、岳昌君:《从入口到出口:家庭背景对高等教育公平的影响——来自 2017 年全国高校毕业生就业调查的证据》,《江苏高教》2019 年第 8 期。

180. 周一桃:《庇古与福利经济学的产生》,《特区经济》2000 年第 8 期。

181. 周作宇:《教育、社会分层与社会流动》,《北京师范大学学报(人文社会科学版)》2001 年第 5 期。

182. 朱超华:《教育公平的本质及其社会价值分析》,《中国高教研究》2003 年第 7 期。

183. 朱国华:《文化再生产与社会再生产:图绘布迪厄教育社会学》,《华东师范大学学报(哲学社会科学版)》2015 年第 5 期。

184. 朱永坤、白永:《教育政策制定程序:教育政策公平性的重要影响因素》,《现代教育管理》2011 年第 10 期。

185. 诸燕、赵晶:《胡森教育平等思想述评》,《徐州师范大学学报(哲学社会科学版)》2007 年第 4 期。

二、英　文

（一）专著

1. A. Gamoran (Eds.) , *Stratification in Higher Education : A Contemporary Study* , Y. Shavit , R. Arum , Stanford : Stanford University Press , 2007.

2. Blau P.M. , Duncan O.D. , *The American Occupational Structure* , New York : The Free Press , 1967.

3. Bourdieu P. , Passeron J.C. , *Reproduction in Education , Society and Culture* , London :

Sage Pblications,Inc.,1990.

4. Gorard,Stephen,*Equity in Education:An International Comparison of Pupil Perspectives*,London:Palgrave MacMillan Press,2010.

5. Guthrie J.W.,Pierce L.C.,*School Finance and Education Policy:Enhancing Educational Efficiency,Equality,and Choice*(2nd ed),New Jersey:Prentice-hall,Inc,1998.

6. Lucas F.J.,*Higher Education for Sustainability:Cases,Challenges,and Opportunities from Across the Curriculum*,New York:Routledge Press,2012.

7. Malcom-Piqueux L.,Robinson J.,Bensimon E.M.,Equity in Higher Education,in *Encyclopedia of International Higher Education Systems and Institutions*,Shin J.,Teixeira P.(eds),Dordrecht:Springer,2016.

8. J.G.Richardson,ed.,*Handbook of Theory and Research for the Sociology of Education*,New York:Greenwood Press Inc,1986.

9. Nagel T.,*Equality and Partiality*,New York:Oxford University Press,1991.

10. Patra J.N.,Mete J.,*Higher Education-Equity and Quality Issues*,New Delhi:New Delhi Publishers,2017.

11. Shavit,Y.,Blossfeld H.P.,*Persistent Inequality:Changing Educational Attainment in Thirteen Countries*.Boulder,Colo:Westview Press,1993.

12. Thompson D.C.,Wood C.R.,Honeyman D.S.,*Fiscal Leadership for Schools:Concepts and Practices*,New York:Longman Publisher USA,1994.

13. Woodward D.,Ross K.,*Managing Equal Opportunities in Higher Education*,Berkshire:Open University Press,2000.

（二）论文

1. Altbach P.G.,"China's Glass Ceiling and Feet of Clay",*University World News*,No.2(2016),pp.11-13.

2. Blackwel,M.,Lacus,S.,et al.,"CEM:Coarsened Exact Matching in Stata",*Stata Journal*,Vol.9,No.4(2009),pp.524-546.

3. Boliver V.,"Expension,Differentiation,and the Persistence of Social Class Inequalities in British Higher Education",*Higher Education*,Vol.61,No.3(2011),pp.229-242.

4. Breen R.,Goldthorpe J.H.,"Explaining Educational Differentials:Towards a Formal Rational Action Theory",*Rationality & Society*,Vol9,No.3(1997),pp.275-305.

5. Breen R., Jonsson J.O., "Analyzing Educational Careers: A Multinomial Transition Model", *American Sociological Review*, Vol.65, No.5(2000), pp.754-772.

6. Coleman James S., "What Is Meant by 'An Equal Educational Opportunity'?", *Oxford Review of Education*, Vol.1, No.1(1975), pp.27-29.

7. Goldthorpe John H., "Class Analysis and the Reorientation of Class Theory: the Case of Persisting Differentials in Educational Attainment", *The British Journal of Sociology*, Vol. 61, No.1(2010), pp.311-335.

8. Goldthorpe John H., "Rational Action Theory for Sociology", *The British Journal of Sociology*, Vol.49, No.2(1998), pp.167-192.

9. Guido W. Imbens, "Nonparametric Estimation of Average Treatment Effects under Exogeneity: A Review", *The Review of Economics and Statistics*, Vol.86, No.1(2004), pp. 4-29.

10. Hanna Ayalon, Yossi Shavit, "Educational Reforms and Inequalities in Israel: The MMI Hypothesis Revisited", *Sociology of Education*, Vol.77, No.2(2004), pp.103-120.

11. Hansen M.N., "Rational Action Theory and Educational Attainment Changes in the Impact of Economic Resources", *European Sociological Review*, Vol.24, No.1(2008), pp. 1-17.

12. Hao Lingxin, Hu Alfred, Lo Jamie, "Two Aspects of the Rural-Urban Divide and Educational Stratification in China: A Trajectory Analysis", *Comparative Education Review*, Vol. 58, No.3(2014), pp.509-536.

13. Hatcher R., "Class Differentiation in Education: Rational Choices?", *British Journal of Sociology of Education*, Vol.19, No.1(1998), pp.5-24.

14. Hechter M., Kanazawa S., "Sociological Rational Choice Theory", *Annual Review of Sociology*, Vol.23, 1997, pp.191-214.

15. Husen T., "Does Broader Educational Opportunity Mean Lower Standards?", *International Review of Education*, Vol.17, No.1(1971), pp.77-91.

16. Husen T., "Loss of Talent in Selective School Systems: The Case of Sweden", *Comparative Education Review*, Vol.4, No.2(1960), pp.70-74.

17. Husen T., "Problems of Securing Equal Access to Higher Education: The Dilemma between Equality and Excellence", *Higher Education*, Vol.5, No.4(1976), pp.407-422.

18. Ilya Prakhov, "Barriers Limiting Access to Quality Higher Education in the Context of the USE: Family and School as Constraining Factors", *Voprosy Obrazovaniya Educational*

Studies Moscow, No.1(2015), pp.88-117.

19. Kuhn T., "The Social Stratification of European Schoolchildren's Transnational Experiences: A Cross-Country Analysis of the International Civics and Citizenship Study", *European Sociological Review*, Vol.32, No.2(2016), pp.266-279.

20. Ladson-Billings G., "It's Not the Culture of Poverty, It's the Poverty of Culture: The Problem with Teacher Education", *Anthropology and Education Quarterly*, Vol. 37, No. 2 (2006), pp.104-109.

21. Lareau A., "Invisible, Inequality: Social Class and Child-Rearing in Black Families and White Families", *American Sociological Review*, Vol.67, No.5(2002), pp.747-776.

22. Levin Henry M., "Educational Opportunity and Social Inequality in Western Europe", *Social Problems*, Vol.24, No.2(1976), pp.148-172.

23. Liu Y., Green A., Pensiero N., "Expansion of Higher Education and Inequality of Opportunities: A Cross-National Analysis", *Journal of Higher Education Policy and Management*, Vol.38, No.2(2016), pp.242-263.

24. Lucas S. R., "Effectively Maintained Inequality: Education Transitions, Track Mobility and Social Background Effects", *The American Journal of Sociology*, Vol.106, No.6 (2001), pp.1642-1690.

25. Marco C., Sabine K., "Some Practical Guidance for the Implementation of Propensity Score Matching", *Journal of Economic Surveys*, Vol.22, No.1(2008), pp.31-72.

26. Marsden P.V., "The Sociology of James S.Coleman", *Annual Review of Sociology*, No.31(2005), pp.1-24.

27. Paterson L., Iannelli C., "Social Class and Educational Attainment: A Comparative Study of England, Wales, and Scotland", *Sociology of Education*, Vol.80, No.40(2007), pp. 330-358.

28. Raftery A.E., Hout M., "Maximally Maintained Inequality: Expansion, Reform, and Opportunity in Irish Education", *Sociology of Education*, Vol.66, No.1(1993), pp.41-62.

29. Sandefur G.D., Featherman D.L., and Hauser R.M., "Opportunity and Change", *Social Forces*, Vol.59, No.3(1981), pp.867-868.

30. Sieben, I., P.M.de Graaf, "The Total Impact of the Family on Educational Attainment", *European Sociology*, Vol.5, No.1(2000), pp.33-68.

31. Warnock M., "The Concept of Equality in Education", *Oxford Review of Education*, Vol.1, No.1(1975), pp.3-8.

后　记

　　教育公平,一直是我很关注但又总是感觉研究得不是很透彻的问题。从最初研究义务教育财政的公平问题到现在聚焦于高等学校入学机会公平,期间有过思考与迷茫:为什么对同一个教育现象有人认为是公平的,而有人却说是不公平的? 也有过与师长、同事和学生的交流与争论:公平是否有普适的标准? 现在对教育公平的要求放在未来,是否仍旧行得通? 即使已经完成书稿,我仍然无法对教育公平、高等教育入学机会公平给出清晰的概念诠释。不过,这也正是教育公平问题的魅力所在,有一层神秘的面纱,待人不断深入探讨。

　　本书是多人合作与努力的成果。第一章和第二章由夏雪和欧阳美子撰写,第三章由夏雪撰写,第四、五章由欧阳美子、金彩、夏雪、杨明月和杨燕楠撰写。全书由夏雪、谢亚倬和任星晔校对,夏雪负责设计、统稿和修改。

　　本书能够顺利完成,得益于很多人的支持与帮助。感谢国家社科基金和东北师范大学教育学部为本研究提供的经费支持,感谢我的老师和同事们对书稿提出的宝贵意见与建议,感谢我的好友和学生在数据收集阶段给予的大力帮助,还要特别感谢人民出版社及其工作人员。

　　囿于本人研究能力所限以及教育公平问题的复杂性,本书研究仍有一定不足。教育公平是内含价值判断的概念,见仁见智的理解决定了对教育公平、教育机会公平的测量手段、测量结果也是不同的。高等学校入学机会的公平程度表现在高等教育阶段,但事实上,在基础教育阶段甚至更早的因素就已经对其开始发挥作用,而对这些早期因素的确定和测量仍存在不足。关于教育公平的研究还没有结束,未来的研究之路还很长。我会一如既往,心怀感恩,继续前行。

夏　雪

2021 年 2 月 25 日于长春